JN040956

学ぶ人は、
変えて
ゆく人だ。

目の前にある問題はもちろん、

人生の問いや、社会の課題を自ら見つけ、

挑み続けるために、人は学ぶ。

「学び」で、少しずつ世界は変えてゆける。

いつでも、どこでも、誰でも、

学ぶことができる世の中へ。

旺文社

小学校の社会のだいじなところがしっかりわかるドリル

旺文社

もくじ

❶章 地理

❷章 歴史

❸章 政治・国際

別冊 解答解説

社会情勢の変化により，掲載内容に違いが生じる事柄があります。二次元コードを読み取るか，下記URLをご確認ください。
https://service.obunsha.co.jp/tokuten/jiji_news/

編集協力：有限会社マイプラン
装丁イラスト：日暮真理絵
デザイン：小川 純（オガワデザイン）
　　　　　福田敬子（ボンフエゴ デザイン）
校正：株式会社東京出版サービスセンター，中山みどり
写真協力：アフロ，宮内庁三の丸尚蔵館
　　　　　国立国会図書館，長崎大学附属図書館

本書の特長と使い方

要点まとめ 図やイラストでイメージしながらまるごと復習!

重要!

重要マークがあるところは中学でも重点的に学習する内容です。演習もあるので取り組んでみましょう。

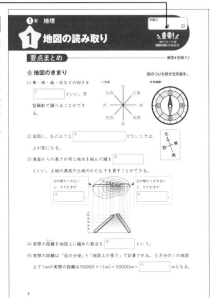

中学ではどうなる?

小学校で学習した内容が,中学でどう発展していくのかを紹介しています。

ここをしっかり!

いまのうちにしっかり理解して,覚えておきたい内容をまとめています。よく読んでおきましょう。

問題を解いてみよう! 重要マークがある単元は,演習問題でしっかり定着!

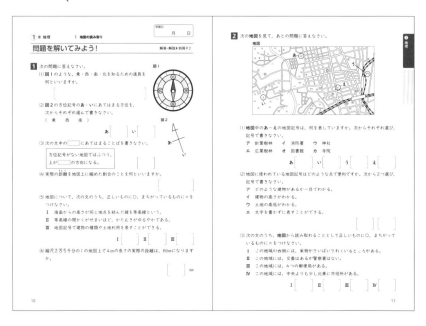

本書は，小学校の内容をまるごと復習し，さらに中学の学習にもつながる
重要なところは問題演習まで行うことで，中学の学習にスムーズに入って
いけるよう，工夫されたドリルです。

完成テスト　完成テストで定着度とのびしろを確認！

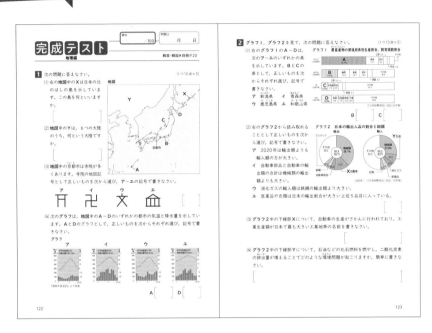

とりはずせる

別冊 解答解説

「要点まとめ」の穴うめ問題の答えと，「問題を解いてみよう！」「完成テスト」の答えと解説は別冊にのっています。答え合わせまでしっかりやりましょう。

完成テストに取り組み，答え合わせができたら，別冊 p.23 の，「のびしろチャート」を完成させましょう。

のびしろチャート

学習の見取り図

小学校で学習した内容が，どんな風に中学校での学習につながっていくのかを一覧にまとめました。

小学校の学習内容

1章 地理

2章 歴史

3章 政治・国際

※赤字の部分は『重要!』のページです。

中学校からの学習内容

世界と日本のかたち
- 大陸と大洋
- 地球儀・世界地図
- 時差　　　　　　　など

日本と世界の位置やさまざまな世界地図について学ぶよ。

世界の諸地域
- 世界の気候や宗教
- 6つの州の特色　　など

世界を6つの州に分けて，地形や産業について学ぶよ。

日本の諸地域
- 日本の気候や産業
- 日本の7つの地方　など

日本を7つの地方に分けて，農業や工業のようすを学ぶよ。また，実際の地形図から地域のようすを読み取るよ。

古代の歴史
- 古代文明
- 古代国家と東アジア　など

古代に栄えたエジプト文明やメソポタミア文明の特色について学ぶよ。

中世～近世の歴史
- 武士政権の成立
- 欧米諸国のようす　　など

法令などの資料や地図を確認しながら，小学校で学んだ知識をさらに深めていくよ。

近現代の歴史
- 日本の近代化
- 2度の世界大戦
- 戦後の日本と世界　　など

第一次世界大戦後の国際社会や世界恐慌への対応などについて学ぶよ。

第二次世界大戦後に日本が行った改革の内容を詳しく学ぶよ。

現代社会
- 情報化・グローバル化
- 伝統文化
- 現代の社会　　　　　など

現代の家族のあり方や多数決の考え方などを学ぶよ。

日本国憲法と人権
- 日本国憲法
- さまざまな人権　　　など

日本国憲法に定められていない，新しい人権についても学ぶよ。

政治のしくみ
- 国会・内閣・裁判所
- 地方自治　　　　　　など

地方自治の内容をさらに詳しく学ぶよ。

経済
- 生産と労働
- 市場経済・財政・金融　など

新たに世の中のお金の流れや，国の収入と支出について新しく学ぶよ。

国際社会
- 国際社会のしくみ
- 国際問題　　　　　　など

世界で起こっている環境問題への取り組みや国際連合の役割について学ぶよ。

1章 地理

1 地図の読み取り

\\重要!//
→P.10〜11の
問題も解いてみよう!

学習日 月 日

要点まとめ
解答▶別冊 P.2

⭐ 地図のきまり

(1) 東・西・南・北などの向きを
① [　　　　　] といい，**方位磁針**で調べることができる。

八方位

色のついた針が北を指す。

方位磁針

(2) 地図に，右のような ② [　　　　　] がないときは，上が**北**になる。

(3) 海面からの高さが同じ地点を結んだ線を ③ [　　　　　]

といい，土地の高低や土地のかたむきを表すことができる。

③の間かくが広いと，かたむきが ④ [　　　　　]。

③の間かくがせまいと，かたむきが ⑤ [　　　　　]。

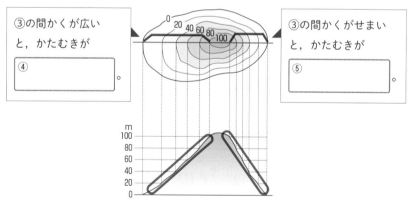

(4) 実際の距離を地図上に縮めた割合を ⑥ [　　　　　] という。

(5) 実際の距離は「⑥の分母」×「地図上の長さ」で計算される。５万分の１の地図

上で1cmの実際の距離は 50000 × 1 (cm) = 50000cm = ⑦ [　　　　　] mとなる。

8

🏯 いろいろな地図記号

地図記号	土地利用	地図記号	土地利用
‖	⑧	Q	⑨
∨	⑩	∧	針葉樹林
⦿	⑪	ⅰⅼ	あれ地

地図記号	建物	地図記号	建物
◎	⑫	文	⑬
✕	交番	开	神社
⊗	警察署	卍	⑭
Ψ	消防署	📖	⑮
⊖	⑯	🏛	博物館・美術館
⊞	⑰	🏠	⑱
☼	⑲	☼⊣	発電所・変電所

中学では どうなる？

● 国土地理院から発行されている地形図を読み取っていくよ。読み取りに必要な知識は、小学校の知識でカバーできるので、実際の距離の計算の仕方や地図記号をしっかりおさえておこう。

● 広葉樹林と果樹園や、工場と発電所など、まぎらわしい地図記号を区別しておくことが大事だよ。

問題を解いてみよう！

解答・解説▶別冊 P.2

1 次の問題に答えなさい。

図 I

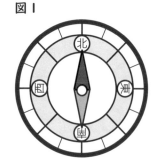

(1) **図 I** のような，東・西・南・北を知るための道具を
何といいますか。

［　　　　　　　　　　　　　　　　　　　］

(2) **図 2** の方位記号の**あ・い**にあてはまる方位を，
次からそれぞれ選んで書きなさい。

（　東　　　西　　　南　）

図 2

あ［　　　　　］　い［　　　　　］

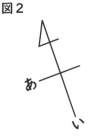

(3) 次の文中の □ にあてはまることばを書きなさい。

> 方位記号がない地図ではふつう，
> 上が □ の方向になる。

［　　　　　　　］

(4) 実際の距離（きょり）を地図上に縮めた割合のことを何といいますか。

［　　　　　　　　　　　　　　　　　　　］

(5) 地図について，次の文のうち，正しいものに〇，まちがっているものに×を
つけなさい。

Ⅰ　海面からの高さが同じ地点を結んだ線を等高線という。

Ⅱ　等高線の間かくがせまいほど，かたむきがゆるやかである。

Ⅲ　地図記号で建物の種類や土地利用を表すことができる。

Ⅰ［　　　　］　Ⅱ［　　　　］　Ⅲ［　　　　］

(6) 縮尺 2 万 5 千分の 1 の地図上で 4cm の長さの実際の距離は，何kmになります
か。

［　　　　　　　］km

2 次の**地図**を見て，あとの問題に答えなさい。

地図

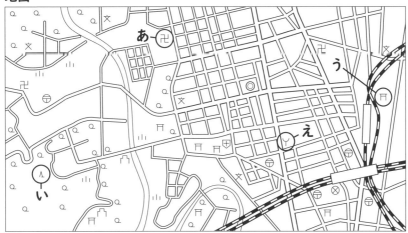

(1) **地図**中の**あ～え**の地図記号は，何を表していますか。次からそれぞれ選び，記号で書きなさい。

ア　針葉樹林　　イ　消防署　　ウ　神社
エ　広葉樹林　　オ　図書館　　カ　寺院

あ［　　　　］　い［　　　　］　う［　　　　］　え［　　　　］

(2) 地図に使われている地図記号はどのような点で便利ですか。次から２つ選び，記号で書きなさい。

ア　どのような建物があるか一目でわかる。

イ　建物の高さがわかる。

ウ　土地の高低がわかる。

エ　文字を書かずに表すことができる。

［　　　　］［　　　　］

(3) 次の文のうち，**地図**から読み取れることとして正しいものに○，まちがっているものに×をつけなさい。

Ⅰ　この地域の西側には，果物がさいばいされているところがある。

Ⅱ　この地域には，交番はあるが警察署はない。

Ⅲ　この地域には，4つの郵便局がある。

Ⅳ　この地域には，中央よりも少し北東に市役所がある。

Ⅰ［　　　　］　Ⅱ［　　　　］　Ⅲ［　　　　］　Ⅳ［　　　　］

2 日本の諸地域

学習日

月　　日

\重要!/
➡P.14〜15の
問題も解いてみよう!

要点まとめ

解答▶別冊P.2

⭐ 都道府県の位置と名前

(1) 日本には [①　　　　　　　] の都道府県がある。（1都1道2府 [②　　　　　　] 県）

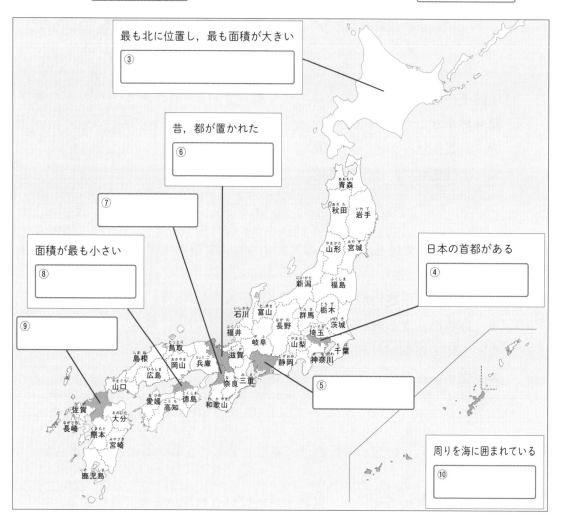

最も北に位置し，最も面積が大きい
[③]

昔，都が置かれた
[⑥]

[⑦]

面積が最も小さい
[⑧]

[⑨]

日本の首都がある
[④]

[⑤]

周りを海に囲まれている
[⑩]

青森
秋田　岩手
山形　宮城
新潟　福島
石川　富山　群馬　栃木
長野　　　　茨城
福井　岐阜　山梨　埼玉
　　　滋賀　　　千葉
鳥取　　　　　静岡　神奈川
島根　岡山　兵庫
広島　　　奈良　三重
山口　　徳島　和歌山
　　愛媛　高知
佐賀　大分
長崎　熊本
　　　宮崎
　　鹿児島

**中学では
どうなる?**

● 地図は地理の学習の中で，すべての基本になるよ。中学ではさまざまな都道府県の様子や特色について学習を深めていくので，都道府県の位置をおさえておくことが大事だよ。

🏯 都道府県庁所在地と地方区分

⑵ 各都道府県の仕事をする都道府県庁が置かれている場所を，都道府県庁

⑪ [   ] といい，各都道府県の政治の中心となっている。

⑶ 日本は大きく７つの地方に分けられる。

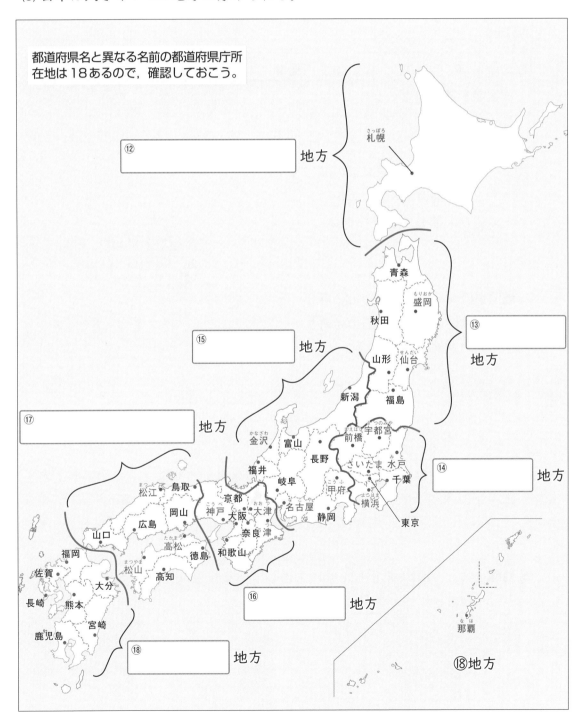

都道府県名と異なる名前の都道府県庁所
在地は 18 あるので，確認しておこう。

⑫ [   ] 地方

⑬ [   ] 地方

⑭ [   ] 地方

⑮ [   ] 地方

⑯ [   ] 地方

⑰ [   ] 地方

⑱ [   ] 地方

⑱地方

①章 地理　　　　**2 日本の諸地域**

問題を解いてみよう！

解答・解説▶別冊 P.2

1 都道府県について，次の文を読んで，あとの問題に答えなさい。

> 日本の都道府県のうち，都は１都，道は１道，府は２府で，県は（　　　）県ある。

(1) 文中の（　　　）にあてはまる数字を書きなさい。

　［　　　　　　］

地図

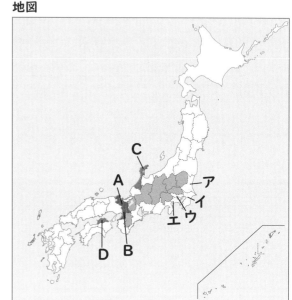

(2) 文中の１都にあたる東京都の場所を，右の**地図**中の**ア～エ**から１つ選び，記号で書きなさい。

　［　　　　　　］

(3) **地図**中の**A・B**は，文中の２府を示しています。この府の名前を，それぞれ書きなさい。

　A［　　　　　　］

　B［　　　　　　］

(4) **地図**中の**C・D**の県名には，同じ漢字がふくまれています。その漢字１字を書きなさい。

　［　　　　　　］

(5) **地図**中に，で示した県に共通している特色は何ですか。書きなさい。

　［　　　　　　　　　　　　　　　　　　　　　　　　　　　　　］

2 都道府県と地方区分について、次の問題に答えなさい。

(1) 右の**地図**中の**A**・**B**の地方名をそれ
ぞれ書きなさい。

地図

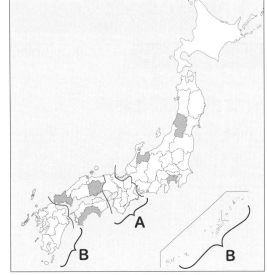

A [   ]

B [   ]

(2) **地図**中の**B**の地方にふくまれる県を、
次から選び、記号で書きなさい。

ア　福井県　　イ　長崎県
　　ふくい　　　　　　ながさき
ウ　徳島県　　エ　青森県
　　とくしま　　　　　　あおもり

[   ]

(3) **地図**中に▨で示した県に関する次の文のうち、正しいものに○、まちが
っているものに×をつけなさい。

Ⅰ　関東地方にふくまれる県が１つある。

Ⅱ　すべての県名に「山」がふくまれている。

Ⅰ [   ]　　Ⅱ [   ]

3 次のカードを見て、あとの問題に答えなさい。

A

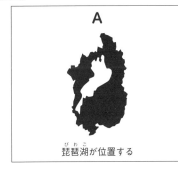

琵琶湖が位置する
びわこ

B

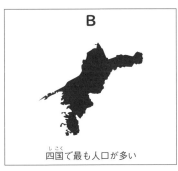

四国で最も人口が多い
しこく

C

県名に数字がふくまれる

(1) **A**〜**C**の都道府県名を、次からそれぞれ選び、記号で書きなさい。

ア　愛媛県　　イ　千葉県　　ウ　三重県　　エ　宮城県　　オ　滋賀県
　　えひめ　　　　　ちば　　　　　　みえ　　　　　　みやぎ　　　　　しが

A [   ]　　B [   ]　　C [   ]

(2) 次の文中の**Ⅰ**と**Ⅱ**にあてはまる都市名を選び、○をつけなさい。

Aの県の県庁所在地は**Ⅰ** [　津市　・　大津市　]、**B**の県の県庁所在地は**Ⅱ**
　　　　　　　　　　　　　つ　　　　　おおつ
[　松山市　・　松江市　]である。
　　まつやま　　　まつえ

15

3 世界の中の日本

重要!
→P.18〜19の
問題も解いてみよう!

学習日　　月　　日

要点まとめ

解答▶別冊 P.3

世界の大陸と海洋

(1) 世界には6つの大陸と3つの大きな海洋があり，陸地と海洋の割合はおよそ3：7で，海洋のほうが広い。

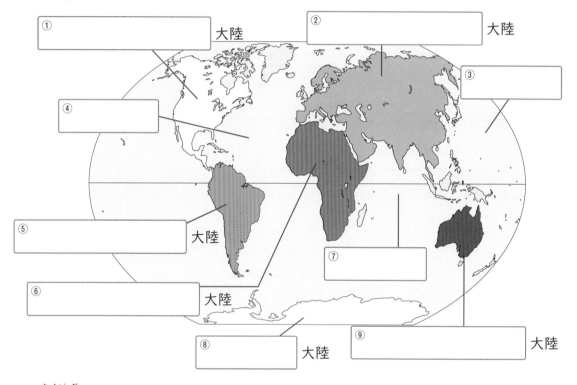

① ［　　　］大陸
② ［　　　］大陸
③ ［　　　］
④ ［　　　］
⑤ ［　　　］大陸
⑥ ［　　　］大陸
⑦ ［　　　］
⑧ ［　　　］大陸
⑨ ［　　　］大陸

(2) 地球儀は地球の表面をほぼ正確に，そのまま小さくしたもの。たての線を**経線**，横の線を**緯線**という。0度の経線は，

⑩ ［　　　　　　　　　］と呼ばれており，イギリスの首都ロンドンを通る。この線より西を西経，東を東経という。また，緯度0度の線を ⑪ ［　　　　　　　　　］という。

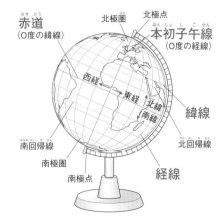

赤道
(0度の緯線)
北極圏
北極点
本初子午線
(0度の経線)
西経
東経
北緯
南緯
緯線
北回帰線
南回帰線
南極圏
南極点
経線

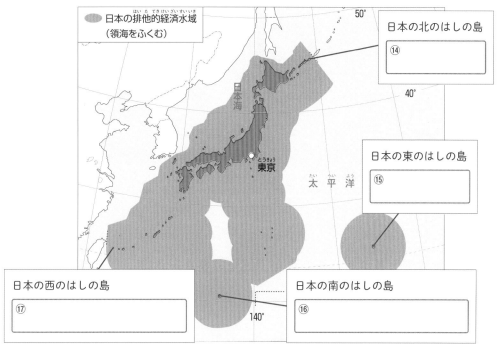

🏠 領土と国土のようす

(3) 各国がもつ陸地（島や川などをふくむ）を ⑫ ［　　　　　　　］，陸地の海岸から

12海里_{かい り}以内の海を**領海**_{りょうかい}という。⑫と領海の上空を領空_{りょうくう}という。

(4) 領海の外側に位置する，海岸から**200海里**までの海域を，

⑬ ［　　　　　　　　　　　　］といい，沿岸国にこの海域の資源を利用する権利が

ある。

日本の排他的経済水域_{はい た てきけいざいすいいき}
（領海をふくむ）

50°

日本海

東京_{とうきょう}

40°

太平洋_{たい へい よう}

日本の北のはしの島
⑭ ［　　　　　　　］

日本の東のはしの島
⑮ ［　　　　　　　］

日本の南のはしの島
⑯ ［　　　　　　　］

日本の西のはしの島
⑰ ［　　　　　　　］

140°

(5) 北海道_{ほっかいどう}の北東にある**北方領土**_{ほっぽうりょう ど}は日本固有の領土であるが，

⑱ ［　　　　　　　　　　　］に占領_{せんりょう}されている。

竹島_{たけしま}は，日本固有の領土であるが，韓国_{かんこく}が不法に占拠_{せんきょ}している。
尖閣諸島_{せんかくしょとう}は，日本の領土だが，中国_{ちゅうごく}が領有を主張している。

中学では

どうなる？

● 角度が正確な地図（メルカトル図法）や，中心からの方位・距離_{きょり}が正確な地図（正距方位図法_{せいきょほうい ず ほう}）などを学ぶよ。
● 世界の都市ではそれぞれ時刻が異なるよ。東京とニューヨークの時刻のちがいなどを，経度から計算する方法を学ぶよ。
● 世界のいろいろな場所の気候や生活のちがいを学ぶよ。

問題を解いてみよう！

解答・解説▶別冊P.3

1 次の**地図**を見て，あとの問題に答えなさい。

地図

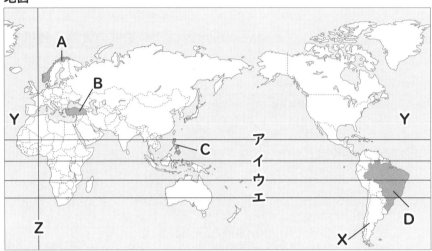

(1) **地図**中の**X**の大陸，**Y**の海洋をそれぞれ何といいますか。

X [　　　　　　　　　]　Y [　　　　　　　　　]

(2) **地図**中の**ア～エ**から赤道を選び，記号で書きなさい。

[　　　　　]

(3) 日本を通る緯線が通る国を，**地図**中の**A～D**から選び，記号で書きなさい。

[　　　　　]

(4) 世界や日本について，正しいものに〇，まちがっているものに×をつけなさい。

　Ⅰ　世界の陸地と海洋の割合は，海洋のほうが広い。

　Ⅱ　日本はユーラシア大陸の東に位置している。

　Ⅲ　日本から見ると，真北にオーストラリア大陸がある。

Ⅰ [　　　] Ⅱ [　　　] Ⅲ [　　　]

(5) 次の文中の**A**と**B**にあてはまることばを選び，〇をつけなさい。

　地図中の**Z**は**A** [　経度　・　緯度　] ０度を通る本初子午線で，

　B [　イギリス　・　フランス　] の首都を通っている。

2 次の**地図**を見て，あとの問題に答えなさい。

地図

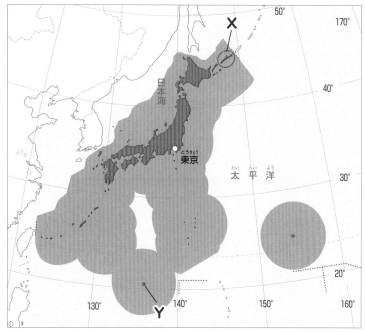

(1) **地図**中の**X**は日本の北のはしの島，**Y**は日本の南のはしの島です。島の名前を，次からそれぞれ選び，記号で書きなさい。

　　ア　与那国島　　イ　南鳥島　　ウ　択捉島　　エ　沖ノ鳥島

　　　　　　　　　　　　　　　　　X ［　　　　］　Y ［　　　　］

(2) **地図**中の**X**の島などをふくむ北方領土を不法に占領している国を何といいますか。

　　　　　　　　　　　　　　　　　　　　　　　　　　［　　　　　　　　　］

(3) **X**の島と同じく北方領土にふくまれる島として**誤っているもの**を，次から選び，記号で書きなさい。

　　ア　色丹島　　イ　国後島　　ウ　歯舞群島　　エ　尖閣諸島

　　　　　　　　　　　　　　　　　　　　　　　　　　　　［　　　　］

(4) **地図**中の　　　は，領海と，領海の外に広がっている沿岸から ［ **A** ］海里以内の ［ **B** ］ を示しています。**A**にあてはまる数字と，**B**にあてはまることばを書きなさい。

　　A ［　　　　　　　］　　B ［　　　　　　　　　　　］

学習日
月　　日

4 日本の地形

要点まとめ

解答▶別冊 P.4

⭐ 平地と山地

(1) 山がなく平らになっているところを**平地**といい，そのうち海に面している平地を

①[　　　　　　　]，まわりを山に囲まれた平地を②[　　　　　　　]という。また，

平地の中で周囲より高くなっている平らなところを**台地**という。

(2) 山が集まっているところを**山地**という。山が脈状に連なっている山地を

③[　　　　　　　]，標高が高いが平らに広がる土地を④[　　　　　　　]，山地のう

ち，きふくが小さく，表面がなだらかなものを高地という。

(3) 日本は国土の約4分の3が山地である。日本の中央部には**飛驒山脈**，**木曽山脈**，

赤石山脈が連なり，⑤[　　　　　　　　　　　　]と呼ばれている。

⭐ 川の特ちょう

(4) 世界の川と比べると，日本の川は長さが**短く**，流れが⑥[　　　　　　　]である。

日本で長さが最も長いのは，⑦[　　　　　　　]川，流域面積が最も大きいのは，

関東地方を流れる⑧[　　　　　　　]川である。

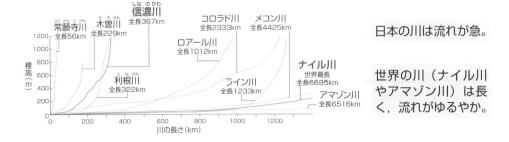

常願寺川 全長56km
木曽川 全長229km
信濃川 全長367km
コロラド川 全長2333km
メコン川 全長4425km
ロアール川 全長1012km
利根川 全長322km
ライン川 全長1233km
ナイル川 世界最長 全長6695km
アマゾン川 全長6516km

標高（m）
川の長さ(km)

日本の川は流れが急。

世界の川（ナイル川やアマゾン川）は長く，流れがゆるやか。

⭐ おもな平野・台地・盆地(ぼんち)

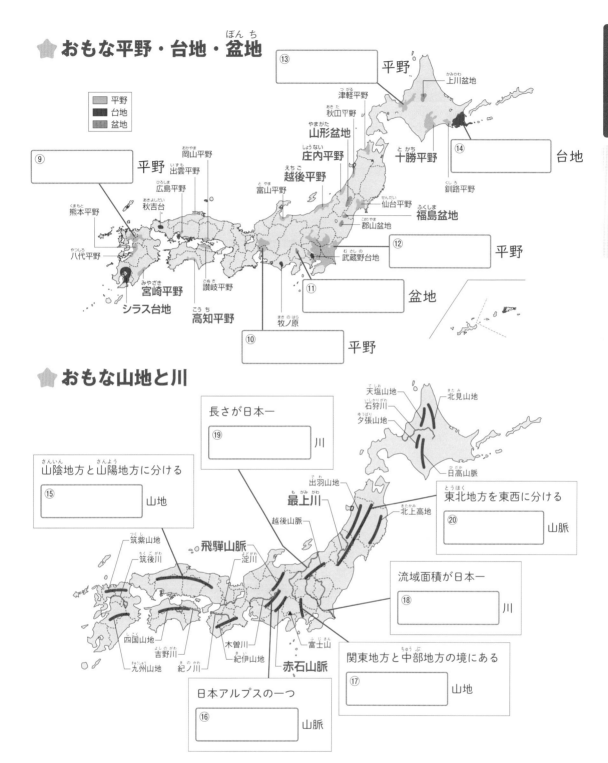

平野
台地
盆地

⑬ ［　　　　　］平野

上川盆地

津軽平野

秋田平野

山形盆地

庄内平野

越後平野

十勝平野

⑭ ［　　　　　］台地

釧路平野

岡山平野

出雲平野

広島平野

富山平野

仙台平野

福島盆地

郡山盆地

⑨ ［　　　　　］平野

熊本平野

秋吉台

八代平野

讃岐平野

宮崎平野

シラス台地

高知平野

牧ノ原

武蔵野台地

⑫ ［　　　　　］平野

⑪ ［　　　　　］盆地

⑩ ［　　　　　］平野

⭐ おもな山地と川

天塩山地

北見山地

石狩川

夕張山地

日高山脈

長さが日本一
⑲ ［　　　　　］川

山陰地方と山陽地方に分ける
⑮ ［　　　　　］山地

出羽山地

最上川

北上高地

越後山脈

筑紫山地

筑後川

飛驒山脈

淀川

東北地方を東西に分ける
⑳ ［　　　　　］山脈

流域面積が日本一
⑱ ［　　　　　］川

四国山地

吉野川

木曽川

紀伊山地

富士山

紀ノ川

赤石山脈

関東地方と中部地方の境にある
⑰ ［　　　　　］山地

九州山地

日本アルプスの一つ
⑯ ［　　　　　］山脈

中学では

どうなる?

● 川のはたらきによってつくられた扇状地(せんじょうち)と三角州(さんかくす)を学ぶよ。扇状地は川が山から平地に流れ出るところに土や砂が積もってでき,三角州は川が海や湖に流れ出るところに土や砂が積もってできるよ。

5 日本の気候

＼重要！／
➡P.24〜25の
問題も解いてみよう！

要点まとめ

解答▶別冊 P.4

⭐ 日本の気候の特色

(1) 日本の多くの地域では，四季がはっきりと分かれている。南北に長い日本では，地域ごとに気候が大きく異なる。

(2) 北海道以外では，6月ごろから7月ごろにかけて，雨が多く降る ① ［　　　　　］ がみられる。

(3) 夏から秋にかけては ② ［　　　　　］ が上陸し，大雨と強風により被害がもたらされることもある。特に，沖縄や九州などでの被害が多い。

(4) 夏と冬とでふく向きが異なる ③ ［　　　　　］ が日本の気候にえいきょうをあたえている。

(5) 夏は，太平洋から日本列島に向けてあたたかい**南東**の③がふきこみ，

④ ［　　　　　］ 側に多くの雨を降らせる。

太平洋をわたるときに，湿った風となり，雨を降らせる。

(6) 冬は，ユーラシア大陸から日本列島へ冷たい**北西**の③がふきこみ，

⑤ ［　　　　　］ 側に多くの雪を降らせる。

日本海をわたるときに，湿った風となり，雪を降らせる。

🌸 日本の気候区分

日本の気候は大まかに，北海道の気候，太平洋側の気候，日本海側の気候，中央高地の気候，瀬戸内の気候，南西諸島の気候の6つに分けることができる。

折れ線グラフが気温を示す。

棒グラフが降水量を示す。

東京

年平均気温15.8℃
年降水量1598.2mm

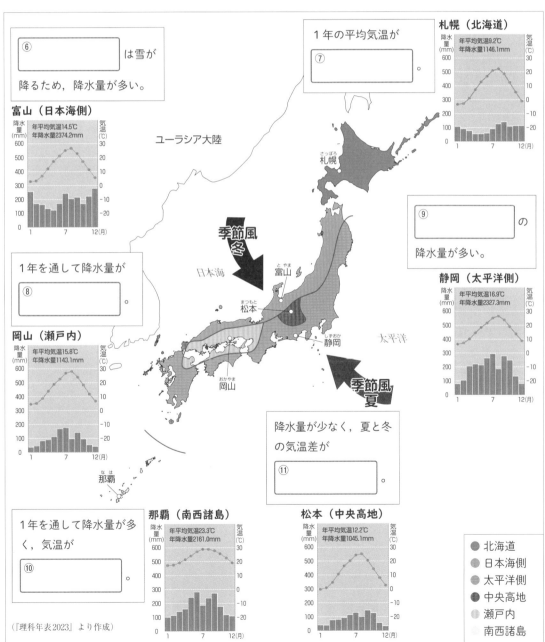

⑥ ＿＿＿＿＿＿＿＿ は雪が降るため，降水量が多い。

富山（日本海側）

年平均気温14.5℃
年降水量2374.2mm

ユーラシア大陸

1年を通して降水量が
⑧ ＿＿＿＿＿＿＿＿

岡山（瀬戸内）

年平均気温15.8℃
年降水量1143.1mm

1年の平均気温が
⑦ ＿＿＿＿＿＿＿＿

札幌（北海道）

年平均気温9.2℃
年降水量1146.1mm

季節風 冬

日本海

富山

松本

⑨ ＿＿＿＿＿＿＿＿ の降水量が多い。

静岡（太平洋側）

年平均気温16.9℃
年降水量2327.3mm

太平洋

静岡

岡山

季節風 夏

降水量が少なく，夏と冬の気温差が
⑪ ＿＿＿＿＿＿＿＿

那覇

1年を通して降水量が多く，気温が
⑩ ＿＿＿＿＿＿＿＿

那覇（南西諸島）

年平均気温23.3℃
年降水量2161.0mm

松本（中央高地）

年平均気温12.2℃
年降水量1045.1mm

● 北海道
● 日本海側
● 太平洋側
● 中央高地
○ 瀬戸内
○ 南西諸島

（『理科年表2023』より作成）

23

問題を解いてみよう！

解答・解説▶別冊P.4

1 日本の気候の特色について，次の問題に答えなさい。

(1) 毎年6月から7月ごろにかけて続く，雨の多い時期を何といいますか。

[　　　　　　　　]

(2) 次の文中の**A**と**B**にあてはまることばを選び，○をつけなさい。

台風が多くやってくるのは**A**［　2月〜4月　・　8月〜10月　］で，特に
B［　東北地方　・　九州地方　］で被害が多い。

(3) 右の**図**中の➡は，季節によってふく向きが変わる風です。この風を何といいますか。

図

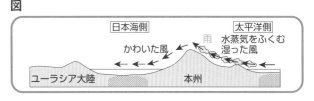

[　　　　　　　　]

(4) この**図**はどの季節の様子を表していますか。次から選び，記号で書きなさい。

ア 春　**イ** 夏　**ウ** 秋　**エ** 冬

[　　　　　　　　]

(5) 右の**グラフ**の説明として正しいものを，次から選び，記号で書きなさい。

ア 棒グラフは，気温を表している。

イ 1月の平均気温は，新潟より東京の方が低い。

ウ 2月の降水量は，東京より新潟の方が多い。

エ 年平均気温は東京の方が新潟より5度以上高い。

グラフ

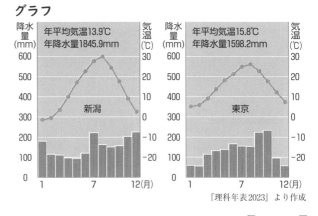

『理科年表2023』より作成

[　　　　　　　　]

2 日本の気候のちがいを区分した次の**地図**を見て，あとの問題に答えなさい。

地図

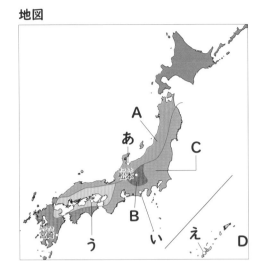

(1) **地図**中の**A〜D**の気候の説明にあてはまるものを，次からそれぞれ選び，記号で書きなさい。

ア 冬に雪が多く降る。

イ 1年中を通してあたたかい気候である。

ウ 夏はむし暑く，雨が多く降る。

エ 1年を通して降水量が少なく，夏と冬の気温差が大きい。

A [　　] 　B [　　] 　C [　　] 　D [　　]

(2) **地図**中の**B**は，長野県松本市など（　　　　）の気候にあてはまる地域を示しています。（　　　　）にあてはまることばを漢字4字で書きなさい。

[　　　　　　]

(3) 次の**Ⅰ〜Ⅳ**は，**地図**中の**あ〜え**の都市の気温と降水量を示したものです。**Ⅰ〜Ⅳ**にあてはまる都市を，**あ〜え**からそれぞれ選び，記号で書きなさい。

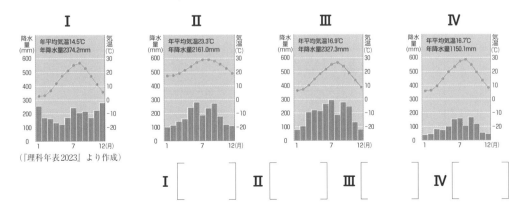

（『理科年表2023』より作成）

Ⅰ [　　] 　Ⅱ [　　] 　Ⅲ [　　] 　Ⅳ [　　]

6 米づくりのようす

要点まとめ

解答▶別冊 P.4

🌟 米づくりの一年

3月	●種もみを選ぶ …実がつまったものを選ぶ。
4月	●なえを育てる …ビニールハウスなどで育てる。
	●① _____ …土をやわらかくするため， ② _____ などで田の土をほりおこす。
	●③ _____ …田に水を入れ，②などで土をくだいて平らにする。
5月	●④ _____ …なえを田に植える。
7月	●農薬をまく …病気や害虫から稲(いね)をまもるため。
	●中ぼし …いったん田から水をぬき，土をかわかす。
9月	●⑤ _____ …実った稲を ⑥ _____ を使って収かくする。
	●脱穀(だっこく)・かんそうなど …脱穀した後，米は温度やしつ度を一定に保つことができる。 ⑦ _____ で貯蔵(ちょぞう)する。

🌸 米づくりのようす

(1) 日本人の**主食**である米は全国でつくられているが，

特に ⑧ [＿＿＿＿＿＿＿] 地方や関東，**北陸地方**でさかん

である。これらの地方は**日本の穀倉地帯**と呼ばれて

いる。

(2) 農家を中心とした組織である，⑨ [＿＿＿＿＿＿＿]（農

業協同組合）は，農機具や肥料の販売などを行い，

米づくりに協力している。

北陸地方は，新潟・富山・石川・福井の4県。

地方別の米の収かく量

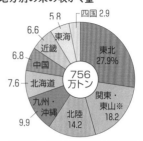

四国 2.9
東北 27.9%
関東・東山※ 18.2
北陸 14.2
九州・沖縄 9.9
北海道 7.6
中国 6.8
近畿 6.6
東海 5.8
756万トン

(2021年)（『日本国勢図会』2022/23年版）
※関東は7都県で，東山は山梨・長野の2県
※四捨五入の関係で100%にならない。

🌸 米づくりのくふうと課題

(3) おいしい米や病気に強い米をつくるため，それ

ぞれの品種をかけあわせて，よりよい性質の新

しい品種をつくる

⑩ [＿＿＿＿＿＿＿＿＿] が行われている。

(4) 区画をまっすぐにしたり，1つの区画を大きく

したりして水田の形を整える

⑪ [＿＿＿＿＿＿＿＿＿] を行うことで，

大型の農業機械を使えるようにし，農作業を

しやすくする。

(5) 米の消費量が減少したことから，2017年度

まで ⑫ [＿＿＿＿＿＿＿] が行われて

きた。

(6) 農作業の機械化が進み，効率的な米づくりが

行われている。一方で，農業に従事する人の

数は減少し，⑬ [＿＿＿＿＿＿] 化が進んで

いる。

品種改良

米の生産量と消費量

（万t）
生産量
消費量

『食料需給表』

農業人口の変化

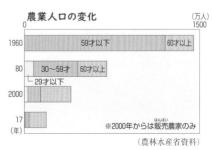

※2000年からは販売農家のみ
（農林水産省資料）

60才以上の割合が増えている。

7 水産業のようす

＼重要！／
→P.30〜31の
問題も解いてみよう！

要点まとめ

解答▶別冊P.4

💫 水産業のさかんな地域

(1) 決まった方向に流れる海水の流れを，①［　　　　　］という。まわりより水温

の高い**暖流**と，水温の低い**寒流**がある。

(2) 日本近海には暖流と寒流が流れており，水深200mくらいまでのゆるやかな斜面

の海底（②［　　　　　　　　］）が見られる。

(3) 特に，暖流と寒流がぶつかる③［　　　　　］は，プランクトンが豊富でよい漁

場になっている。

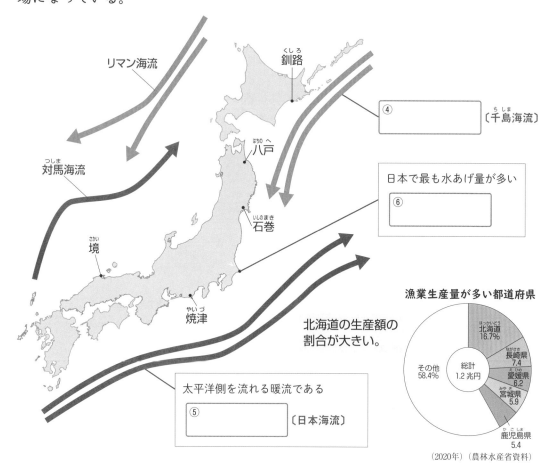

リマン海流

釧路

対馬海流

八戸

石巻

境

焼津

④［　　　　　　　］〔千島海流〕

日本で最も水あげ量が多い
⑥［　　　　　　　］

北海道の生産額の
割合が大きい。

太平洋側を流れる暖流である
⑤［　　　　　　　］〔日本海流〕

漁業生産量が多い都道府県

北海道
16.7%

長崎県
7.4

愛媛県
6.2

宮城県
5.9

鹿児島県
5.4

その他
58.4%

総計
1.2兆円

（2020年）（農林水産省資料）

🌟 漁業の種類と課題

(4) 魚や貝，海そうをとったり，育てたり，加工したりする産業を ⑦ ☐

という。水産加工品には，**かまぼこ**などがある。

(5) 「**とる漁業**」には，海岸やその近くで，小型船で行う**沿岸漁業**，近くの海で，中

型船で数日かけて行う ⑧ ☐ ，遠方の海で，大型船で数か

月から1年ぐらいかけて行う**遠洋漁業**などがある。

(6) 「**育てる漁業**」には，人の手で魚や貝を大きくなるまで育てて出荷する

⑨ ☐ と，ある程度育ててから海や川に放ち，大きくなっ

てからとる ⑩ ☐ がある。

(7) 近年は，外国から安い魚を多く ⑪ ☐ している。

(8) 海中のプランクトンが大量に発生して海が赤くなる ⑫ ☐ が原因で魚

や貝が死ぬことがある。

🌟 魚の流通

(9) 水あげされた魚は，市場で ⑬ ☐ にかけられて，値段などが決まる。そ

の後，消費者のもとに運ばれる。

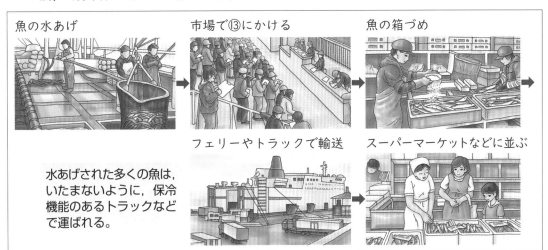

魚の水あげ　　　市場で⑬にかける　　　魚の箱づめ

水あげされた多くの魚は，いたまないように，保冷機能のあるトラックなどで運ばれる。

フェリーやトラックで輸送　　　スーパーマーケットなどに並ぶ

問題を解いてみよう!

解答・解説▶別冊 P.4

1 水産業がさかんな地域について，次の問題に答えなさい。

(1) まわりの海水より温度
の低い海流を何といい
ますか。

[　　　　　　　　　]

地図

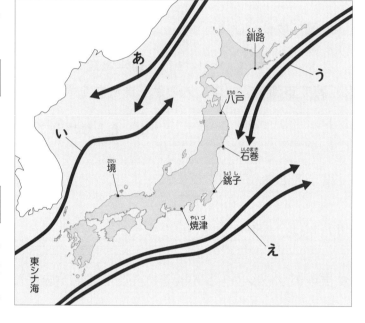

(2) 右の**地図**中の**あ～え**の
うち，(1)を2つ選び，
記号で書きなさい。

[　　　] [　　　]

(3) **地図**中の**い・う**の海流
を何といいますか。次
からそれぞれ選び，記
号で書きなさい。

ア 日本海流　　**イ** 千島海流　　**ウ** リマン海流　　**エ** 対馬海流

い [　　　　]　う [　　　　]

(4) 次の文中の**A**と**B**にあてはまることばを選び，○をつけなさい。
都道府県別で漁業生産額が最も多いのは**A** [北海道 ・ 静岡県] で，水
あげ量が最も多い漁港は**地図**中の**B** [釧路港 ・ 銚子港] である。

(5) 日本の近海には，右の**図**のようなゆるやかな斜
面の海底が広がっています。このような海底を
何といいますか。

[　　　　　　　　　]

図

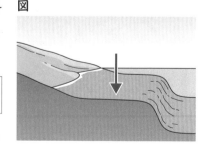

(6) 水産加工品にあてはまるものを，次から選び，
記号で書きなさい。

ア かまぼこ　　**イ** バター　　**ウ** みそ　　**エ** チーズ　　[　　　　]

2 日本の漁業について，次の問題に答えなさい。

(1) 右の**グラフ1**中の**Ⅰ**〜**Ⅲ**は，次の説明
Ⅰ〜**Ⅲ**の漁業にあてはまります。それ
ぞれ何といいますか。

　Ⅰ　近くの海で，中型船で行う。

　Ⅱ　遠方の海で，大型船で行う。

　Ⅲ　海岸やその近くで，小型船で行
　　　う。

グラフ1　漁業別の生産量の変化

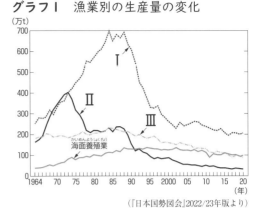

(『日本国勢図会』2022/23年版より)

Ⅰ [　　　　　　　　　　　]

Ⅱ [　　　　　　　　　　] Ⅲ [　　　　　　　　　　]

(2) **グラフ1**を読み取った正しい文を，次から選び，記号で書きなさい。

　ア　**Ⅰ**の漁業の生産量は1970年代から減少している。

　イ　**Ⅱ**の漁業の生産量は1980年代の半ばが最も大きい。

　ウ　**Ⅲ**の漁業の生産量は**Ⅰ**の漁業の生産量より大きかったことはない。

[　　　　　]

(3) 育てる漁業のうち，さいばい漁業について述べた文として正しいものを，次から選び，記号で書きなさい。

　ア　船でふくろ状のあみを引いて，海底にいる魚をとる。

　イ　魚や貝の卵を人工的にふ化させ，いけすで大きくなるまで育てる。

　ウ　魚や貝をある程度育ててから海や川に放ち，大きくなってからとる。

[　　　　　]

(4) 右の**グラフ2**は漁業で働く人数の変化を
示しています。**グラフ2**から，日本の漁
業にはどのような課題があると言えます
か。簡単に書きなさい。

グラフ2

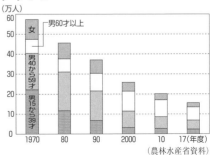

(農林水産省資料)

[　　　　　　　　　　　　　　　　　　　　　　　　]

8 日本の食料生産

要点まとめ

解答▶別冊P.5

⭐ おもな果物の産地

(1) 青森県や長野県など，すずしい気候の地域では，

① [　　　　　　　] の生産量が多い。

(2) 和歌山県や静岡県，愛媛県など，あたたかい気候の地域

では，② [　　　　　　　] がつくられている。

(3) ぶどう・ももは ③ [　　　　　　　] 県，さくらんぼ（おう

とう）は ④ [　　　　　　　] 県で生産がさかんである。

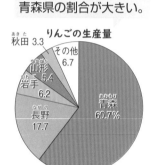

青森県の割合が大きい。

りんごの生産量

秋田 3.3
その他 6.7
山形 5.4
岩手 6.2
長野 17.7
青森 60.7%

みかんの生産量

その他 30.9
和歌山 21.8%
静岡 15.6
愛媛 14.7
熊本 10.8
長崎 6.2

(2020年)（『日本国勢図会』2022/23年版）

⭐ おもな畜産物の産地

(4) 牛乳などの乳製品や卵，食用の肉をとるために，牛やぶた，にわとりなどを飼

育する産業を ⑤ [　　　　　　　] 業という。

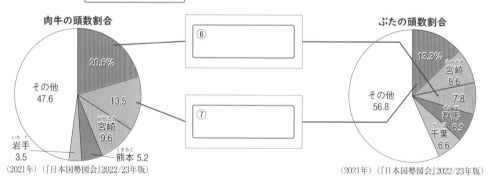

肉牛の頭数割合

その他 47.6
20.6%
13.5
宮崎 9.6
岩手 3.5
熊本 5.2

⑥ [　　　　　　　　　　]

⑦ [　　　　　　　　　　]

ぶたの頭数割合

その他 56.8
13.3%
宮崎 8.6
7.8
群馬 6.9
千葉 6.6

(2021年)（『日本国勢図会』2022/23年版）

(2021年)（『日本国勢図会』2022/23年版）

肉牛は食用の肉をとる牛。広い土地が
ある地域での飼育がさかん。

九州の南部のほか，群馬県，千葉県な
ど東京の周辺でもさかん。

(5) ⑥では，牛乳をとる乳牛を飼う ⑧ [　　　　　　　] もさかん。

地理

⭐ おもな野菜の産地

(6) 高知県(こうち)などでは，冬でもあたたかい気候を生かして ⑨ [＿＿＿＿＿] やピーマン

をビニールハウスでつくっている。

(7) 茨城県(いばらき)や千葉県(ちば)などは，日本の首都で人口が多い ⑩ [＿＿＿＿＿] への出荷(しゅっか)に便

利な場所でも野菜の生産がさかんである。

⭐ 食料自給率とこれからの食料生産

(8) 国内で消費される食料のうち，国内でつくら
れている食料の割合を**食料自給率**といい，外

国からの ⑪ [＿＿＿＿＿] が多いと低くなり，

国内の生産量が多い場合は高くなる。

(9) 日本では ⑫ [＿＿＿＿＿] の食料自給率が高く，

小麦や ⑬ [＿＿＿＿＿] の食料自給率は低い。

(10) ある地域で生産された農作物や水産物を，
その地域の人々で消費する

⑭ [＿＿＿＿＿] の取り組み

が全国で行われている。

(11) 生産者やさいばいの記録などがわかる，

⑮ [＿＿＿＿＿] のしくみが

整えられている。

日本の食料自給率は，世界
の先進国の中でも低い。

おもな国の食料自給率

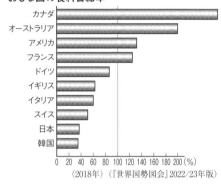

（2018年）（『世界国勢図会』2022/23年版）

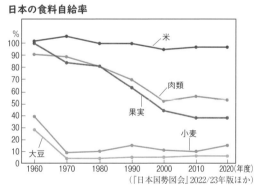

日本の食料自給率

（『日本国勢図会』2022/23年版ほか）

中学では どうなる？

● 都道府県や地方でどのような農業が行われているかを学ぶよ。茨城
県など，大都市の近くで行われる近郊農業(きんこう)，高知県などで行われて
いる，出荷時期を早める促成(そくせい)さいばい，長野県(ながの)などで行われてい
る，出荷時期をおくらせる抑制(よくせい)さいばいなどが新しく出てくるよ。
都道府県の位置や気候の特色を確認しておこう。

9 日本の工業

＼重要！／
➡P.36〜37の
問題も解いてみよう！

要点まとめ

解答▶別冊 P.5

🌟 さまざまな工業

(1) 工業とは，①〔　　　　　　　〕に道具や機械を使って手を加え，生活に役立つもの

をつくる産業のことをいう。

(2) 鉄鋼や機械など重いものをつくる②〔　　　　　　　〕工業と，せんい製品や紙など

軽いものをつくる③〔　　　　　　　〕工業に分けられる。

重工業に化学工業を加えて，
重化学工業という。

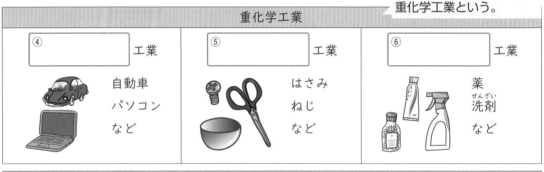

重化学工業		
④〔　　　　〕工業 自動車 パソコン など	⑤〔　　　　〕工業 はさみ ねじ など	⑥〔　　　　〕工業 薬 洗剤 など

軽工業		
せんい工業 衣服 など	⑦〔　　　　〕工業 パン 牛乳 など	その他の工業 家具 雑貨 など

(3) 日本の工業は，以前は衣服などをつく

る⑧〔　　　　　　　〕工業が中心だった

が，現在は自動車などをつくる

⑨〔　　　　　　　〕工業の割合が大きい。

近年は，重化学工業の割合が増加。

工業生産の変化

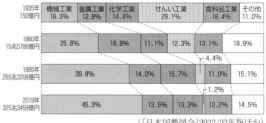

	機械工業	金属工業	化学工業	せんい工業	食料品工業	その他
1935年 150億円	16.3%	12.8%	14.4%	29.1%	16.4%	11.0%
1960年 15兆5786億円	25.8%	18.8%	11.1%	12.3%	13.1%	18.9%
1985年 265兆3206億円	39.8%	14.0%	15.7%	4.4% 11.0%		15.1%
2019年 325兆3459億円	45.3%	13.5%	13.3%	1.2% 12.2%		14.5%

（『日本国勢図会』2022/23年版ほか）

🌸 工業がさかんな地域

(4) 太平洋沿いに工業がさかんな工業地帯・地域が帯状に連なる地域を

⑩ [　　　　　] といい，日本全体の工業生産額の**2分の1以上**をしめる。

(5) 日本の工業は，燃料や原料を輸入し，加工した工業製品を輸出するため，工業は

⑪ [　　　　　] での輸送に便利な沿岸部に集まっている。

(6) 工業地域とは工場が多く集まる場所である。中でも，昔から工場が集まり，特に

工業がさかんなところを ⑫ [　　　　　] という。

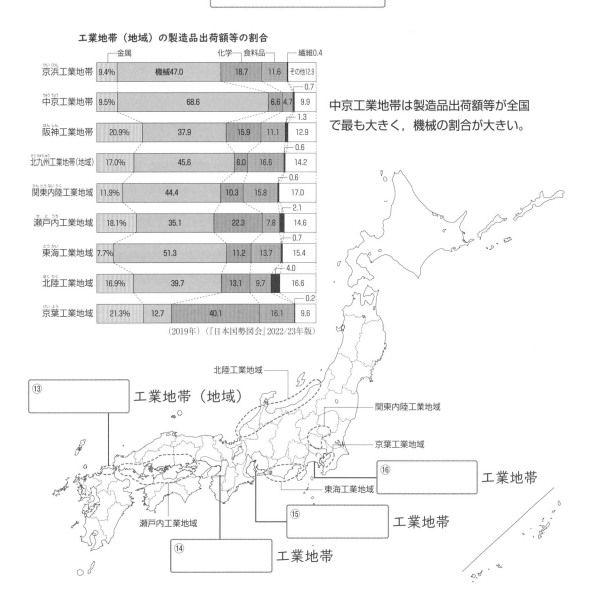

工業地帯（地域）の製造品出荷額等の割合

	金属	機械	化学	食料品	繊維	その他
京浜工業地帯	9.4%	47.0	18.7	11.6	0.4	12.9
中京工業地帯	9.5%	68.6	6.6	4.7	0.7	9.9
阪神工業地帯	20.9%	37.9	15.9	11.1	1.3	12.9
北九州工業地帯(地域)	17.0%	45.6	6.0	16.6	0.6	14.2
関東内陸工業地域	11.9%	44.4	10.3	15.8	0.6	17.0
瀬戸内工業地域	18.1%	35.1	22.3	7.8	2.1	14.6
東海工業地域	7.7%	51.3	11.2	13.7	0.7	15.4
北陸工業地域	16.9%	39.7	13.1	9.7	4.0	16.6
京葉工業地域	21.3%	12.7	40.1	16.1	0.2	9.6

(2019年)（『日本国勢図会』2022/23年版）

中京工業地帯は製造品出荷額等が全国で最も大きく，機械の割合が大きい。

⑬ [　　　] 工業地帯（地域）

北陸工業地域

関東内陸工業地域

京葉工業地域

⑯ [　　　] 工業地帯

⑮ [　　　] 工業地帯

東海工業地域

瀬戸内工業地域

⑭ [　　　] 工業地帯

問題を解いてみよう！

解答・解説▶別冊 P.5

1 日本の工業について，次の問題に答えなさい。

(1) 右の**グラフ1**は，日本の工業生産額の変化を示したものです。工業生産額が最も大きく増えた期間はいつですか。次から選び，記号で書きなさい。

　　ア　1960年から1970年
　　イ　1970年から1980年
　　ウ　1980年から1990年
　　エ　1990年から2000年　　[　　　]

グラフ1

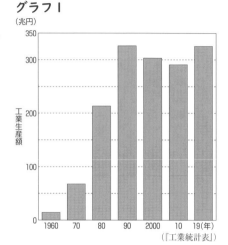

（『工業統計表』）

(2) 右の**グラフ2**は，工業種類別の製造品出荷額等の割合の変化を示したものです。次の**A～D**にあてはまる工業の種類をそれぞれ書きなさい。

グラフ2

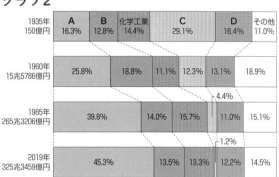

（『日本国勢図会』2022/23年版ほか）

　A [　　　　　　　　　]

　B [　　　　　　　　　]

　C [　　　　　　　　　]

　D [　　　　　　　　　]

(3) 化学工業で生産される工業製品を，次から選び，記号で書きなさい。

　　ア　シャツ　　**イ**　パソコン　　**ウ**　ねじ　　**エ**　薬

[　　　]

(4) **グラフ2**中の工業のうち，**C**や**D**など，比較的重量の軽い，身近な生活用品などをつくる工業は何工業と呼ばれていますか。

[　　　　　　　　　]

2 工業がさかんな地域について，次の問題に答えなさい。

(1) 右の**地図**中の**あ〜う**にあてはまる工業
地帯名をそれぞれ書きなさい。

地図

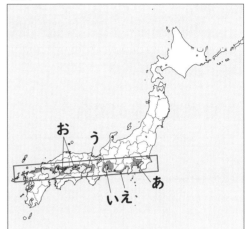

あ [   ]

い [   ]

う [   ]

(2) **地図**中の**え**と**お**にあてはまる工業地域
の名前を，次からそれぞれ選び，記号
で書きなさい。

ア 東海工業地域 　イ 関東内陸工業地域

ウ 京葉工業地域 　エ 瀬戸内工業地域

え [   ]

お [   ]

(3) 次の文の**A**と**B**にあてはまる記号とことばを選び，○をつけなさい。

日本の工業地帯で，生産額が最も多いのは，**地図**中の**A** [あ ・ い] の
工業地帯で，**B** [せんい製品 ・ 自動車] の生産がさかんである。

(4) 工業地帯・工業地域が帯のように連なっている，**地図**中に [   ] で示された
地域を何といいますか。

[   ]

(5) (4)にふくまれる工業地帯・地域の工業生産額は日本全体の工業生産額の約
[X] %以上をしめています。[X] にあてはまる数字を，次から選び，記
号で書きなさい。

ア 90 　イ 70 　ウ 50

[   ]

(6) (4)で工業がさかんな理由として正しいものを，次から選び，記号で書きなさ
い。

ア 台風や地震など，自然災害が少ないから。

イ 人口が少なく，工場を建てやすいから。

ウ 原料や製品を船で運ぶのに便利だから。

エ すずしく，すごしやすい気候だから。

[   ]

10 自動車の生産

要点まとめ

解答▶別冊 P.6

⭐ 自動車生産の流れ

① [　　　　　] …鉄板を曲げたり，打ちぬいたりして，
ドアや屋根，ボンネットなどの部品をつくる。

② [　　　　　] …部品をとかしてつなぎ合わせ，車体の
形に仕上げる。危険な作業のため，ほとんどは**ロボット**が
行う。

③ [　　　　　] …車体をきれいにあらったあと，色のぬ
りつけを数回くりかえし，きれいにぬり上げる。

④ [　　　　　] …**ベルトコンベア**で流れてきた車体に，
シートやハンドルなどの部品を取りつけ，エンジンを組み
こむ。

⑤ [　　　　　] …水もれはないか，ブレーキがきくか，
ライトはつくかなどを確認。すべての項目に合格すると自
動車が完成する。

🏭 自動車工場と部品工場の結びつき

(1) 1台の自動車には，約2万から ⑥[　　] 万個もの部品が使われている。

(2) 自動車に必要な部品をつくって自動車工場〔組立工場〕に届ける部品工場は

⑦[　　　　　　　　　] と呼ばれ，自動車工場の近くにあることが多い。

(3) 日本の工業地帯のうち，⑧[　　　　　　] 工業地帯にふくまれる，愛知県の

⑨[　　　　　] 市や岡崎市には自動車工場が多く，世界でも有数の自動車の生

産地となっている。

🏭 これからの自動車

(4) 自動車はおもに ⑩[　　　　　　　　　] を燃料としており，地球温暖化の原

因となる ⑪[　　　　　　　　　] や有害なガスを排出するため，環境にやさ

しい自動車づくりが進められている。

(5) ⑩で動くエンジンと ⑫[　　　　　] で動くモーター

の2つの動力で走る自動車を，

⑬[　　　　　　　　　　　] という。⑬は二酸

化炭素の排出量が少ない。

ハイブリッド自動車

エンジン　バッテリー

モーター

(6) 大気中の ⑭[　　　　　] と，タンクにためた水素か

ら電気をつくり，電気モーターを動かして走る

⑮[　　　　　　　　　　　] は，排出するのは

水のみなので，環境にやさしいという利点がある。

燃料電池自動車

バッテリー　水素タンク

モーター　燃料電池

11 工業生産と貿易

\重要!/
→P.42～43の
問題も解いてみよう!

要点まとめ
解答▶別冊P.6

⭐ 工場の種類

(1) 働く人の数が300人以上の工場を ① □□□□ といい，日本全体の**生産額**の

半分以上をしめる。大規模な生産設備をもっているため，働く人I人あたりの生産額が多い。

(2) 働く人の数が300人未満の工場を ② □□□□ といい，日本の工

場数のほとんどをしめる。大工場から注文を受けて部品などをつくり，他の工場と協力し合うこともある。すぐれた専門技術をもつ工場も多い。

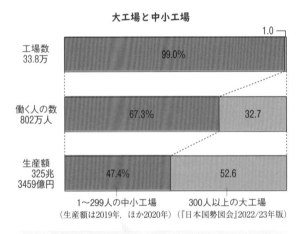

大工場と中小工場

		1.0
工場数 33.8万	99.0%	
働く人の数 802万人	67.3%	32.7
生産額 325兆3459億円	47.4%	52.6

1～299人の中小工場　　300人以上の大工場
(生産額は2019年，ほか2020年)　(『日本国勢図会』2022/23年版)

工場数では99%が中小工場である。働く人の数も中小工場の方が多いことがわかる。

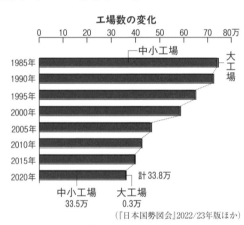

工場数の変化

0　10　20　30　40　50　60　70　80万
中小工場　　　　　　　　　　大工場
1985年
1990年
1995年
2000年
2005年
2010年
2015年
2020年　　　　　　　　計33.8万
中小工場　　大工場
33.5万　　0.3万
(『日本国勢図会』2022/23年版ほか)

国内の工場数は減少している。

⭐ 伝統工業

(3) 昔から受けつがれてきた技術で工芸品などをつくる工業を ③ □□□□ 工業

という。東北地方や ④ □□□□ 地方などでは，雪で農作業ができない冬の

副業として伝統工業が発達した。

(4) 岩手県の**南部鉄器**や，石川県の**輪島塗**などが有名である。

⭐ 日本の貿易

(5) 日本の貿易は，原料・燃料を輸入し，それらを
もとに工業製品をつくって輸出する

⑤ _____ で発展してきた。

(6) 日本の輸入額と輸出額を合わせた貿易額が最も

多い国は ⑥ _____ で，アメリカ合衆国や

韓国などが続いている。

(7) 輸出品については，かつては**せんい品**が多かっ

たが，1970年からは ⑦ _____ が最も多

い。

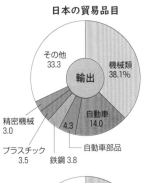

日本の貿易品目

輸出
機械類 38.1%
自動車 14.0
自動車部品 4.3
鉄鋼 3.8
プラスチック 3.5
精密機械 3.0
その他 33.3

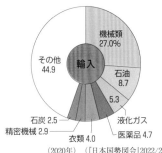

輸入
機械類 27.0%
石油 8.7
5.3
液化ガス
医薬品 4.7
衣類 4.0
精密機械 2.9
石炭 2.5
その他 44.9

(2020年) (『日本国勢図会』2022/23年版)

(8) 日本は資源が少なく，原料や燃料のほとんどを外国からの輸入にたよっている。

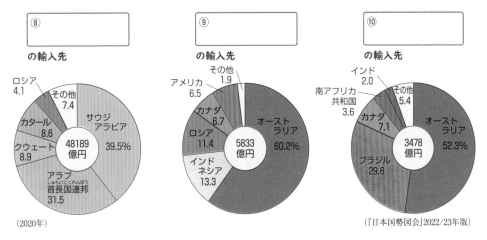

⑧ _____
の輸入先

48189億円
サウジアラビア 39.5%
アラブ首長国連邦 31.5
クウェート 8.9
カタール 8.6
ロシア 4.1
その他 7.4

(2020年)

⑨ _____
の輸入先

5833億円
オーストラリア 60.2%
インドネシア 13.3
ロシア 11.4
カナダ 6.7
アメリカ 6.5
その他 1.9

⑩ _____
の輸入先

3478億円
オーストラリア 52.3%
ブラジル 29.6
カナダ 7.1
南アフリカ共和国 3.6
インド 2.0
その他 5.4

(『日本国勢図会』2022/23年版)

(9) 1980年代には，自動車などの輸出をめぐって，日本とアメリカ合衆国などとの

間に， ⑪ _____ がおこった。

中学ではどうなる?

● 近年は，日本よりも安く工業製品をつくることができるアジアの国などに，工場が多く移転したということを学習するよ。
● それによって，国内の産業がおとろえる「産業の空洞化」をまねいたことがポイントになるので，日本国内において工場数が減少したことをグラフなどで，確認しておこう。

問題を解いてみよう！

解答・解説 ▶ 別冊 P.6

1 工業生産について，次の問題に答えなさい。

(1) 右の**グラフ**は大工場と中小工場の割合を示しています。**グラフ**中の**A〜C**にあてはまる項目を，次からそれぞれ選び，記号で書きなさい。

ア 工場数　　　**イ** 働く人の数
ウ 生産額

グラフ

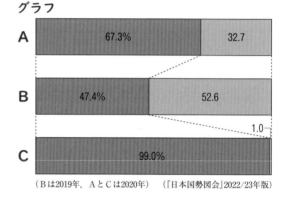

（Bは2019年，AとCは2020年）　（『日本国勢図会』2022/23年版）

A [　　　]　B [　　　]　C [　　　]

(2) 中小工場について，次の文のうち，正しいものに〇，まちがっているものに×をつけなさい。

Ⅰ 大工場から注文を受けて，部品などをつくっておさめている。

Ⅱ 中小工場は働く人の数が300人未満の工場である。

Ⅲ すぐれた技術をもち，複雑で精密な部品を生産する中小工場もある。

Ⅳ 他の中小工場と協力し合うようなことはない。

Ⅰ [　　　]　Ⅱ [　　　]　Ⅲ [　　　]　Ⅳ [　　　]

(3) 右の**地図**は，輪島塗，高岡銅器，小千谷ちぢみの産地を示しています。これらの地域で伝統工業がさかんになった理由を述べた，次の文中の（　　）にあてはまる内容を書きなさい。

> これらの伝統産業の産地では，冬は，（　　　　）ため，農家の副業として発達したものが多い。

地図

[　　　　　　　　　　　　　　　　]

2 日本の貿易について，次の問題に答えなさい。

(1) 日本の貿易相手国の
うち，貿易額が最も
多い国を，右の**地図**
中から選んで書きな
さい。

[   ]

地図

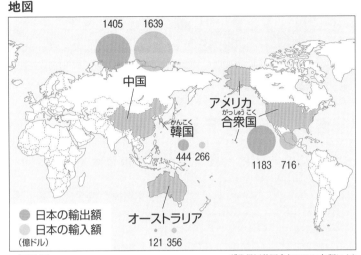

● 日本の輸出額
● 日本の輸入額
（億ドル）

中国　1405　1639

韓国　444　266

アメリカ合衆国　1183　716

オーストラリア　121　356

（2020年）　　　（『世界国勢図会』2022/23年版ほか）

(2) 日本にとって輸出額
より輸入額の方が多
い国を，次からすべ
て選び，記号で書き
なさい。

ア　アメリカ合衆国　　イ　オーストラリア　　ウ　中国　　エ　韓国

[   ]

(3) 右の**グラフ１**は，おもな輸出
品のとりあつかい額の割合の
変化を示したものです。次の
文中の**A**，**B**にあてはまるこ
とばを，あとから選び，記
号で書きなさい。

グラフ１

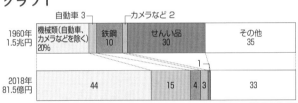

自動車 3　　　カメラなど 2

1960年
1.5兆円　機械類（自動車、カメラなどを除く）20%　鉄鋼 10　せんい品 30　その他 35

1
2018年
81.5億円　44　15　4　3　33

（財務省資料）

1960年は，（　**A**　）の割合が最も大きかったが，2018年には，
（　**B**　）の割合が最も大きくなっている。

ア　鉄鋼　　イ　せんい品　　ウ　自動車　　エ　機械類

A [   ]　B [   ]

(4) 右の**グラフ２**は，日本における石油の国別輸入割合
を示したものです。**グラフ２**中の ☐ にあては
まる国名を書きなさい。

[   ]

グラフ２

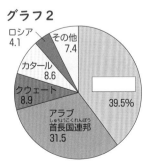

ロシア 4.1　その他 7.4

カタール 8.6

クウェート 8.9

アラブ首長国連邦 31.5

39.5%

（2020年）『日本国勢図会』2022/23年版

12 情報化する社会と産業

要点まとめ

解答▶別冊 P.7

⭐ さまざまなメディア

たくさんの人に一度に多くの情報を伝えるメディア（情報を伝える手段）を

| ① | | といい，次のようなものがある。 |

②	動画と音声で情報を伝える。デジタル化により双方向（そうほうこう）で情報のやり取りが可能になった。
③	文字で情報を伝える。何度も読み返すことができ，情報を切りぬいて保存することができる。
④	音声で情報を伝える。停電しても，電池や手動の発電で多くの情報を得ることができる。
⑤	知りたい情報を，自分で検索（けんさく）してすぐに調べることができる。

文字や映像などで情報を伝える。自分で情報を発信することもできる。

⭐ 巨大（きょだい）なネットワーク

(1) 世界中のネットワークが結びついてつくられた巨大なネットワークである**インターネット**には，電波や回線のつながっているタブレット型端末（たんまつ）や

| ⑥ | | などから接続できる。 |

(2) | ⑦ | を送受信したり，会員制の | ⑧ | （ソーシャル・ネットワーキング・サービス）で情報交換（こうかん）したりすることができる。

(3) 近年は，⑥に近い機能をもつ携帯（けいたい）電話である | ⑨ | が普及（ふきゅう）し，音楽や映画が楽しめるようになった。

情報化の進展

(4) パソコンやインターネットを使っ

た ⑩ [   ]（情報通信技

術）の発達により，**情報化**が進

み，わたしたちの生活は便利にな

ってきた。

(5) 現金がなくても，商品を受け取っ

たあとに請求_{せいきゅう}がくる

⑪ [   ]**カード**や，**電子マネー**など，

キャッシュレス決済の利用が広まっている。

(6) 大量の情報を処理して，人間のように考える機能をもつ

⑫ [   ]（**人工知能**）の進化や，ぼう大なデータ

（ビッグデータ）の分析_{ぶんせき}などによって，災害がおこったときに「緊急地震速報_{きんきゅうじしんそくほう}」や

「避難指示_{ひなん}」などの発信も可能になった。

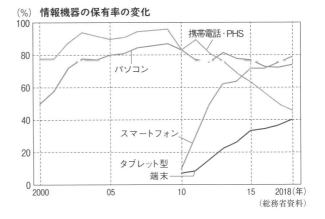

（%）**情報機器の保有率の変化**

携帯電話・PHS

パソコン

スマートフォン

タブレット型
端末

（総務省資料）

電子マネー

情報化がもたらす問題

(7) 氏名，生年月日，住所などの ⑬ [   ]は，取りあつかいに気

を付けて，流出しないようにする。

(8) わたしたちには，あふれる情報の中から必要な情報を選び，情報を正しく活用す

る能力である**メディア** ⑭ [   ]が求められている。

 **メディアと情報活用**

● それぞれのメディアの特色を理解しておこう。

●メディアリテラシーとはどのようなものか，説明できるようにしておこう。

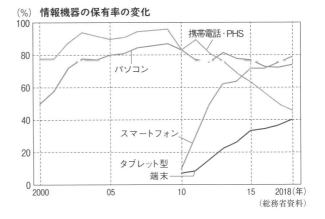

❶
地
理

13 自然災害と林業

要点まとめ

解答▶別冊 P.7

⭐ 自然災害

(1) 日本列島では，**地震**や ① [　　　　　] のふ

ん火がたびたびおこる。

地震によって大きな波が沿岸におしよせる

② [　　　　　] が発生することもある。

(2) 夏から秋にかけて日本列島を通過する

③ [　　　　　] は，**暴風**や**大雨**，高い波が

海沿いの地域をおそう ④ [　　　　　] など

をもたらす。

津波避難タワー

津波が来たときに一時避難するための津波避難タワー。

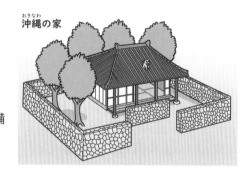

沖縄の家

石垣や木で台風の風雨に備えている。

(3) 大雨は，⑤ [　　　　　] による川のはんらん，**がけくずれ**，土砂が山の斜面を

一気に流れ下る ⑥ [　　　　　] などの土砂災害を引きおこす。

(4) 自然災害によって予想される被害や，避難場

所と避難経路などを表した地図である，

⑦ [　　　　　] を活用すること

で，被害を減らすことができる。

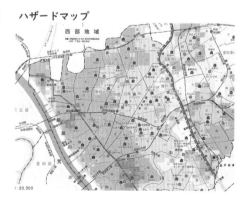

ハザードマップ

⭐ 日本の森林

(5) 日本の森林の面積は，国土のおよそ ⑧ [　　　] 分の [　　　] をしめる。

(6) 日本の森林は，自然にできた ⑨ [　　　] と，人の手で植林した

⑩ [　　　] に分けられる。

(7) 森林には，**水をたくわえる**，**木材を生み出す**，⑪ [　　　] をきれいにする，
生き物のすみかになる，水をたくわえることで，土砂くずれなどの災害を防ぐ，といったはたらきがある。

(8) なえ木を植えて育て，木を切って売る仕事
を ⑫ [　　　] といい，この仕事をする
人がだんだん減ってきている。

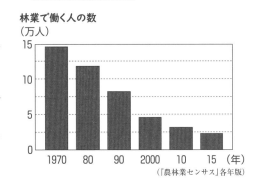

林業で働く人の数
（万人）

『農林業センサス』各年版

(9) すぎの場合，**植林**（木を植える作業）から **伐採**（木をかりとる作業）まで，50
〜60年もかかる。

林業の仕事の流れ

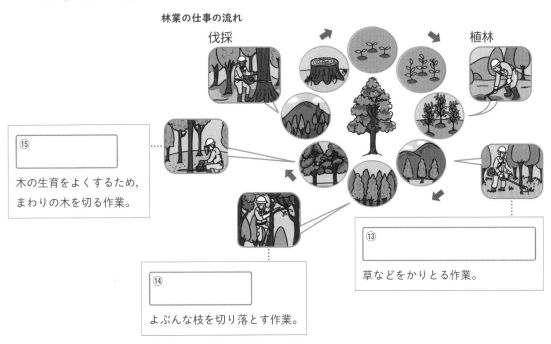

⑮ [　　　]
木の生育をよくするため，まわりの木を切る作業。

⑬ [　　　]
草などをかりとる作業。

⑭ [　　　]
よぶんな枝を切り落とす作業。

14 公害と環境問題

要点まとめ ────────────────── 解答▶別冊 P.7

⭐ 公害

(1) 産業の発達により，人々の健康や生活環境に被害が出ることを**公害**といい，空気

がよごれる ① 〔　　　　　　　　　　〕，海や川の水がよごれる ② 〔　　　　　　　　　〕

<ruby>汚濁<rt>お だく</rt></ruby>，**<ruby>騒音<rt>そうおん</rt></ruby>**，<ruby>地盤沈下<rt>じ ばんちん か</rt></ruby> などがある。

(2) 日本では，1950年代後半から重化学工業が急速に発達するとともに，

四大公害病と呼ばれる深刻な公害病が問題となった。

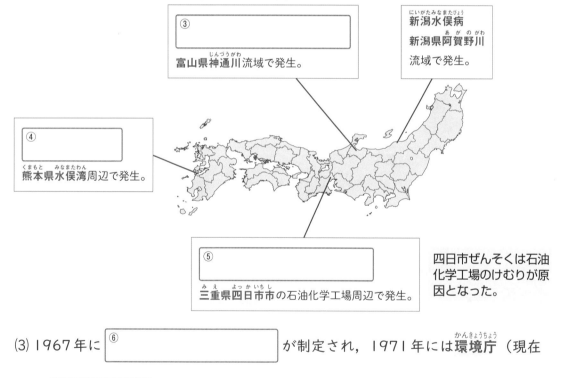

四大公害病が発生した場所

③ 〔　　　　　　　　　　　　　　　〕
<ruby>富山県神通川<rt>じんづうがわ</rt></ruby>流域で発生。

<ruby>新潟水俣病<rt>にいがたみなまたびょう</rt></ruby>
<ruby>新潟県阿賀野川<rt>あ が の がわ</rt></ruby>
流域で発生。

④ 〔　　　　　　　　〕
<ruby>熊本県水俣湾<rt>くまもと　みなまたわん</rt></ruby>周辺で発生。

⑤ 〔　　　　　　　　　　　　〕
<ruby>三重県四日市市<rt>み え　よっ かいちし</rt></ruby>の石油化学工場周辺で発生。

四日市ぜんそくは石油
化学工場のけむりが原
因となった。

(3) 1967年に ⑥ 〔　　　　　　　　　　　　〕が制定され，1971年には**<ruby>環境庁<rt>かんきょうちょう</rt></ruby>**（現在

の ⑦ 〔　　　　　　〕）が<ruby>発足<rt>ほっそく</rt></ruby>した。

(4) 1993年に ⑧ 〔　　　　　　　　　　〕が制定された。

⭐ 地球環境問題

(5) 地球規模で大きな問題となっている ⑨ [   ] は，大気中に二

酸化炭素などの ⑩ [   ] が増えて，地球全体の温度が上昇す

る現象。異常気象や，海水面の上昇の原因となる。1997年に開かれた地球温暖
化防止京都会議では，温室効果ガスの削減について話し合われ，

⑪ [   ] が採択された。その後，2015年にはパリ協定が採択

された。

(6) アフリカ大陸などでは，雨の不足や焼畑農業などが原因で，植物が生育しない

土地になる ⑫ [   ] が進行している。

(7) 南アメリカ大陸のアマゾン川流域などでは，森林伐採が原因で，

⑬ [   ] の減少が進行している。

(8) 工業がさかんなヨーロッパや中国などでは，自動車などの排気ガスが原因で，

⑭ [   ] が降り，森林がかれたり，湖や川の生物が死滅したりしている。

ここをしっかり！ 四大公害病を整理しよう

● 四大公害病が発生した場所や原因をまとめておこう。

	水俣病 （熊本県）	新潟水俣病 （新潟県）	イタイイタイ病 （富山県）	四日市ぜんそく （三重県）
発生地域	水俣湾周辺	阿賀野川流域	神通川流域	四日市市のコンビナート周辺
症状	手足の感覚がまひする。	（水俣病と同じ。）	骨が折れやすくなり，痛みがおそう。	ぜんそくの発作がおそう。
原因物質	工場廃液中の有機水銀	（水俣病と同じ。）	鉱山から排出されたカドミウム	コンビナートから排出される亜硫酸ガスや窒素酸化物

15 むらからくにへ

要点まとめ

解答▶別冊P.8

⭐ 土器が初めてつくられた時代（縄文時代）

(1) 今から約1万2000年前から紀元前4世紀ご
ろまで，狩りや漁，採集をしてくらしていた
時代には，縄目のもようがある

| ① |

がつくられた。

縄文時代のようす

穴住居
狩りや漁の生活
採集の生活
土器を焼いている

(2) 人々は，穴をほって柱を立てた

| ② |

に住み，家族でくらしていた。

(3) 人々が食べたあとの貝がらなどを捨てた場所で遺跡となっているところを

| ③ |

という。

(4) 青森県の | ④ | からは，大きな建造物や集落のあとが見つ

かっている。

⭐ 米づくりが広がった時代（弥生時代）

(5) 今から約2500年前，大陸から，米づくりが
伝わり，西日本を中心に広がっていった。こ
の時代には，うすくて，かたい

| ⑤ |

がつくられた。

弥生時代のようす

さくやほりがある
高床倉庫…
貯蔵庫
たて穴住居
米づくり

(6) 稲の穂をかり取る道具として | ⑥ | が使われた。

(7) 佐賀県の | ⑦ | からは，大陸から伝えられ，農具などに用

いられた | ⑧ | や青銅器などが出土している。

🏯 古墳がつくられた時代（古墳時代）

(8) 3～7世紀ごろ，⑨[　　]や**豪族**の墓である古墳が各地につくられた時代を**古墳時代**という。

(9) 古墳にはさまざまな形のものがあり，円形と四角形を組み合わせた⑩[　　　　　]などがある。日本最大の⑩は大阪府堺市の⑪[　　　　　]である。

前方後円墳

(10) 古墳のまわりには，ねん土でつくられた⑫[　　　　　]が置かれた。

(11) 4世紀ごろ，奈良盆地を中心に⑬[　　　　　]と呼ばれる国が現れ，その中心となった王を⑭[　　　　　]（後の**天皇**）という。

(12) 中国や朝鮮半島から日本に移り住んだ⑮[　　　　　]が，焼き物やはた織りの技術，漢字，仏教などを伝えた。

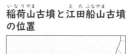

稲荷山古墳と江田船山古墳の位置

稲荷山古墳（埼玉県）

江田船山古墳（熊本県）

(13) ⑯[　　　　　]大王の名が刻まれた鉄刀や鉄剣が熊本県や埼玉県の古墳で発見されている。

大和朝廷の支配が，関東地方から九州までおよんだことがわかる。

ここをしっかり！ **それぞれの時代の区別をしよう**

時代	代表的な遺跡	使われた道具，つくられたものなど
縄文時代	三内丸山遺跡	縄文土器，（打製）石器，土偶
弥生時代	吉野ヶ里遺跡	弥生土器，鉄器，青銅器，石包丁，高床倉庫
古墳時代	大仙古墳	はにわ，古墳

16 天皇と国づくり

要点まとめ

解答▶別冊 P.8

⭐ 天皇中心の政治

(1) 推古天皇のおいの ① 　　　　　　は，蘇我

氏とともに，天皇中心の国づくりを進めた。

(2) ①は，政治を行う役人の心構えを示すため，右のよう

な ② 　　　　　　を定めた。

(3) 家がらに関係なく，能力や功績で役人を取り立てるた

め，③ 　　　　　　の制度を定めた。

(4) 大陸の進んだ制度や文化，学問を取り入れるため，607年に中国(隋)に使者とし

て ④ 　　　　　　らを送った。

(5) 奈良に ⑤ 　　　　　　を建て，仏教の教えを広めようとした。

十七条の憲法

> 一　和を大切にして，人
> といさかいをしないよ
> うにしなさい。
> 一　あつく仏教を信仰し
> なさい。
> 一　天皇の命令には，必
> ず従いなさい。
> 　　　　　　（一部要約）

仏教の教えを重視し，天皇
を敬うことが記されている。

⭐ 政治改革の始まり

(6) 645年，⑥ 　　　　　　(後の**天智天皇**)と**中臣鎌足**(後の藤原鎌足)

は**蘇我氏**をたおし，中国の制度を手本とする ⑦ 　　　　　　を始めた。

(7) 土地や人々は，朝廷が直接支配する(**公地公民**)など，

豪族の力をおさえ，⑧ 　　　　　　中心の国づくり

を行った。

公地公民のしくみ

これまで豪族が支配し
ていた土地と人々を朝
廷が直接支配した。

⭐ 天皇の力の広がり

(8) 701年，国を治めるための

<u>　　⑨　　</u> という法律がつ

くられ，人々はさまざまな税を納
めたり，兵士の役を務めたりした。

(9) **防人**は，3年間， <u>　　⑩　　</u>

の北部を守るという兵役であった。

農民にのしかかる税

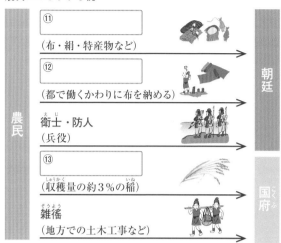

| ⑪ |
| (布・絹・特産物など) |
| ⑫ |
| (都で働くかわりに布を納める) |
| 衛士・防人 (兵役) |
| ⑬ |
| (収穫量の約3%の稲) |
| 雑徭 (地方での土木工事など) |

農民はさまざまな税を負担していた。

⭐ 新しい都と大仏づくり

(10) 710年，**奈良**に <u>　　⑭　　</u> という新しい都がつくられた。

(11) <u>　　⑮　　</u> は，仏教の力で社会の不安をしずめ国を治めようと

して，国ごとに**国分寺**と国分尼寺を建てることを命じ，国分寺の中心である

<u>　　⑯　　</u> には**大仏**がつくられた。

(12) 人々のために橋や道，ため池などをつくりながら仏教を広めていた僧の

<u>　　⑰　　</u> が⑯の大仏づくりに協力した。

(13) 日本に正しい仏教の教えを広めるため，すぐれた僧である <u>　　⑱　　</u> が中

国(**唐**)から招かれた。

中学では

どうなる?

● 朝廷が行った政治の流れをくわしく学ぶよ。
● 6才以上のすべての男女に農地を貸しあたえ，死んだら国に返す，班田収授法を定めたよ。
● 班田収授法がうまくいかなくなると，新しく耕した土地を永久に自分のものにできる法律(墾田永年私財法)を定めたよ。

②章　歴史

17 貴族の文化

要点まとめ

解答▶別冊P.8

⭐ 新しい都

(1) 794年，京都の ① [＿＿＿＿＿＿＿] に都が移された。鎌倉幕府が成立するまでの約

400年間を**平安時代**という。

(2) 朝廷の政治を有力な貴族が動かすようになり，中でも

② [＿＿＿＿＿＿＿] の子孫である**藤原氏**が力をもった。

(3) 藤原氏は，むすめを天皇のきさきにし，

その子を天皇にして天皇家とのつながり

を強め，③ [＿＿＿＿＿＿＿] の

ころに最も大きな力をもった。

もち月の歌（③がよんだ歌）

「この世をば　わが世とぞ思ふ　もち月
　のかけたることも　なしと思へば」
（この世は私の世界のようで，満月が欠
けないように，自分にはないものはな
い）

⭐ 貴族のくらし

(4) 貴族たちは ④ [＿＿＿＿＿] と呼ばれる様式の広い

やしきに住んでいた。

(5) 男性は ⑤ [＿＿＿＿＿] ，女性は ⑥ [＿＿＿＿＿]

と呼ばれる服を正装とした。

(6) 端午の節句や七夕など，季節の変化とともに決

まった時期に行う ⑦ [＿＿＿＿＿＿＿] は

重要な行事とされ，現在も続いている。

寝殿造のやしき

貴族の正装

束帯　　十二単

着物を何枚も重ねて着る。

⭐ 平安時代の文化

(7) 平安時代には，大陸の文化を土台として，日本の風土や生活に合った文化が栄え

た。これを ⑧ □□□□□ という。

(8) 漢字の形をくずして**ひらがな**，漢字の
一部を省略して**カタカナ**がつくられた。

これらを ⑨ □□□□□ 文字という。

かな文字のなりたち

(9) **紫式部**（むらさきしきぶ）は，『⑩ □□□□□』を書いた。光源氏（ひかるげんじ）を中心とする，登場

人物の心情や貴族の生活のようすがえがかれている。

(10) **清少納言**（せいしょうなごん）は，日常のできごとをするどく観察して，**随筆**（ずいひつ）の『⑪ □□□□』を

書いた。

(11) 女性の歌人も活やくし，⑫ □□□□□ が多くよまれた。

(12) 日本の景色や貴族の生活ぶりなどを題材にした ⑬ □□□□ がえがかれた。

ここをしっかり！ ◀ 各時代の文化の特ちょうなどを整理しておこう

	飛鳥文化（あすか）	天平文化（てんぴょう）	国風文化（こくふう）
時代	飛鳥時代	奈良時代（なら）	平安時代
交流	遣隋使（けんずいし）→遣唐使（けんとうし）	遣唐使	遣唐使停止
特色	日本初の仏教文化	国際色豊かな仏教文化	日本の風土に合った文化
建物	法隆寺（ほうりゅうじ）	東大寺（とうだいじ），唐招提寺（とうしょうだいじ）	平等院鳳凰堂（びょうどういんほうおうどう）
文学	———————	『古事記』（こじき），『日本書紀』（にほんしょき） 『万葉集』（まんようしゅう）	『源氏物語』（げんじものがたり）（紫式部） 『枕草子』（まくらのそうし）（清少納言）

18 武士の登場

＼重要!／
➡P.58〜59の
問題も解いてみよう!

要点まとめ

解答▶別冊 P.8

⭐ 武士による政治の始まり

(1) 平安時代，領地を守るために武装した豪族や農民がさらに武芸にはげんで，

　　① ☐ となった。

(2) 一族のかしらを中心につくられた**武士団**の中で，特に勢いが強かった

　　② ☐ は東国（東日本）に，③ ☐ は西国（西日本）に勢力をの

ばしていった。

(3) 保元の乱，**平治の乱**に勝利した ④ ☐ は，武士として初めて**太政大臣**

となった。また，兵庫の港を整備し，**中国（宋）**と貿易を行った。

⭐ 源氏と平氏の戦いと幕府の成立

(4) 平治の乱に敗れ，伊豆（静岡県）に流

されていた ⑤ ☐ は，弟の

源義経らを送り，⑥ ☐

（山口県）で平氏をほろぼした。

(5) ⑤は，地方に**守護**や ⑦ ☐

を設置して全国の支配を強化し，

1192年には，朝廷から ⑧ ☐ に任じられた。

鎌倉にきょ点が置かれたことから，この武家政権を**鎌倉幕府**という。

源平の戦い

壇ノ浦の戦い（山口県）

一ノ谷の戦い（兵庫県）

屋島の戦い（香川県）

倶利伽羅峠の戦い（富山県・石川県）

京都

鎌倉

富士川の戦い（静岡県）

石橋山の戦い（神奈川県）

🌟 鎌倉幕府の政治

(6) 将軍と，その家来となった武士である

〔⑨　　　　　　　〕はご恩と奉公の関係で

結ばれていた。

(7) 源氏の将軍が3代でとだえた後，将軍

を助ける〔⑩　　　　　　　〕の職について

いた**北条氏**が政治を行った。

(8) 朝廷が幕府をたおそうとして兵をあげ

たできごと（**承久の乱**）が起こったとき，頼朝の妻である

〔⑪　　　　　　　　　　　　〕は武士たちに団結をうったえた。

(9) 1232年には，裁判の基準となる〔⑫　　　　　　　　　　〕がつくられた。

鎌倉幕府のしくみ

中央
- 侍所（御家人の統率）
- 政所（財政，一般政務）
- 問注所（裁判，訴訟）

承久の乱の後に設置

地方
- 六波羅探題（京都の警護，朝廷の監視）
- 守護（国内の軍事，警察と御家人の統率）
- 地頭（荘園などの管理，年貢の取り立て）

🌟 モンゴルとの戦い

(10) モンゴルはアジアからヨーロッパにお

よぶ**大帝国**を築き，〔⑬　　〕という国を

つくって中国を支配した。

(11) ⑬は日本を従えようと，2度にわたって，

〔⑭　　　　　　　〕北部にせめてきた。

このできごとを〔⑮　　　　　　〕という。

モンゴル帝国の拡大と元

黒海　大都（北京）　高麗　元

○ モンゴル帝国の本きょ地
▨ モンゴル帝国の最大領域
▤ 元の領域

(12) 執権の〔⑯　　　　　　　　　〕に率いられた武士たちは，火薬兵器や集団戦

術に苦戦しながらも，⑬の軍をしりぞけた。しかし，幕府から新しい領地などを

もらえなかった武士たちは，不満をもつようになった。

問題を解いてみよう！

解答・解説▶別冊 P.8

1 平氏の政治について，次の問題に答えなさい。

(1) 平氏の中心となった平清盛は，武士として初めて ⬚ になった。

⬚ にあてはまることばを次から選び，記号で書きなさい。

ア 摂政　　**イ** 征夷大将軍　　**ウ** 太政大臣　　**エ** 関白

[　　　　]

(2) 次の文の**A**と**B**にあてはまることばを選び，〇をつけなさい。

平清盛は，自分のむすめを**A**〔 天皇 ・ 藤原氏 〕と結婚させ，中国の
B〔 唐 ・ 宋 〕との貿易を進めた。

2 平氏と源氏の戦いについて，次の問題に答えなさい。

(1) 源頼朝が父義朝とともに平清盛と戦って敗れた戦いを何といいますか。

[　　　　]

(2) 平氏は，右の**地図中のX**で起こった戦い
でほろびました。**X**の地名を次から選び，
記号で書きなさい。

ア 一ノ谷　　**イ** 屋島
ウ 壇ノ浦　　**エ** 富士川

地図

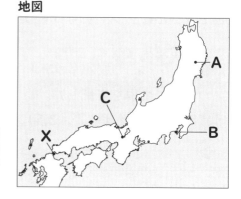

[　　　　]

(3) **X**の戦いで活やくした，源頼朝の弟はだれですか。

[　　　　]

(4) 源頼朝が幕府を開いた場所を，**地図中のA～C**から選び，記号で書きなさい。

[　　　　]

(5) 源頼朝が国ごとに置いた，軍事や警察を行った役職名を書きなさい。

[　　　　]

3 鎌倉幕府の政治について，次の問題に答えなさい。

(1) 右の図は，将軍と御家人の関係を示したものです。図中の**A**と**B**のうち，「奉公」はどちらにあてはまりますか。また，次の**X**と**Y**のうち，「ご恩の内容」はどちらですか。それぞれ，記号で書きなさい。

図

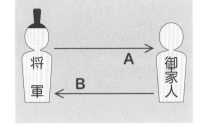

X 戦いが起きたら，命がけで戦う。

Y 手がらがあれば，新しい領地をあたえる。

奉公 [ ]　　ご恩の内容 [ ]

(2) 源氏の将軍がたえた後，政治を行った一族を次から選び，記号で書きなさい。

ア 蘇我氏　　**イ** 北条氏　　**ウ** 藤原氏　　**エ** 菅原氏

[ ]

(3) 右の**資料**は，頼朝の妻が御家人たちにうったえた内容の一部です。このときに起こった，朝廷が幕府をたおそうとしたできごとを何といいますか。

[ ]

資料

> 今はなき頼朝どのが平氏をほろぼして幕府を開いてから，そのご恩は山より高く，海よりも深いほどです。

4 元との戦いについて，次の問題に答えなさい。

(1) 右の図は，元軍が日本にせめてきたようすを示したものです。このときの執権はだれですか。

[ ]

図

(2) 元との戦いのあとの幕府について述べた文として，正しいものに○，まちがっているものに×をつけなさい。

I 武士たちはより団結するようになり，幕府の力は強まった。

II 中国に使いを送り，対等な関係で貿易を行うようになった。

III 武士たちは新しい領地をもらえず，幕府への不満が高まった。

I [ ]　　II [ ]　　III [ ]

19 室町幕府と文化

要点まとめ

解答▶別冊P.9

⭐ 京都に開かれた幕府

(1) 鎌倉幕府がたおれた後，1338年に**足利尊氏**が京都に新たに

① ［　　　　　　　　　　　］を開いた。

(2) 3代将軍 ② ［　　　　　　　　　　　］の時代に，幕府の力が最も強まり，中国の

③ ［　　　　　　　　　　　］との貿易も行った。

(3) 8代将軍 ④ ［　　　　　　　　　　　］のあとつぎをめぐって，有力な大名をまきこ

んだ戦い(応仁の乱)が起こると，室町幕府の力が弱まった。

⭐ 室町時代の文化―建築―

(4) 3代将軍足利義満は京都の**北山**に

⑤ ［　　　　　　　］を建てた。この時代には，ご

うかではなやかな文化が栄えた。

(5) 8代将軍足利義政は京都の**東山**に

⑥ ［　　　　　　　］を建てた。この時代には，落

ち着いた深みのある文化が栄えた。

(6) ⑥と同じしき地内にある東求堂には，たたみがしかれ，

障子やふすまで仕切られた，⑦ ［　　　　　　　］と呼ばれ

る，現在の和風建築のもととなった様式の部屋がある。

金閣

書院造

ちがい棚などがあり，
現在の和室に近い。

⭐ 室町時代の文化—芸術など—

(7) 中国で絵の修業をした ⑧ [＿＿＿＿] が，自然の風景を

一色で表現する**すみ絵〔水墨画〕**を芸術として大成した。

(8) 書院造の床の間などに花をかざる ⑨ [＿＿＿＿] がさか

んになった。

(9) 簡素な茶室で，心を落ち着けてお茶を飲む，

⑩ [＿＿＿＿] が生み出された。

(10) 枯山水という，石と砂で山・水などを表す様式の

⑪ [＿＿＿＿] がつくられた。

(11) 足利義満の保護を受けた**観阿弥・世阿弥**の父子に

よって ⑫ [＿＿＿＿] が大成された。また，民衆の生活などを題材にした，こっ

けいな喜劇を ⑬ [＿＿＿＿] という。

(12) 『ものぐさ太郎』など，⑭ [＿＿＿＿] と呼ばれる絵入りの物語がつ

くられ，多くの人々に親しまれた。

すみ絵（水墨画）

自然を，すみのこさを調
節して表現している。

ここをしっかり！ 室町時代の文化の特色

● 足利義満と義政の時代の文化を区別しておこう。
● 能を大成した観阿弥・世阿弥や水墨画を大成した雪舟など，文化と人物を整
　理しよう。

中学では **どうなる？**

● 室町時代の農村のようすや人々の生活について学ぶよ。
● 農村では二毛作が広がり，人々が自治組織（惣）を結成して，自分た
　ちで決まりなどをつくったよ。
● 室町時代の人々は，重い年貢を減らすことや，借金を帳消しにする
　ことを求めて，一揆を起こしたよ。

⭐20 天下統一のうごき

＼重要！／
➡P.64〜65の
問題も解いてみよう！

要点まとめ ────────────────────── 解答▶別冊P.9

⭐ ヨーロッパ人の来航

(1) 1543年，ポルトガル人を乗せた船が**種子島**(たねがしま)(**鹿児島県**(か ご しま))

に到着(とうちゃく)し，① [　　　　　　]　を日本に伝えた。その後，

①は**堺**(さかい)(**大阪府**(おおさか))などで生産された。

鉄砲(てっぽう)**と関係の深い場所**

種子島に伝わった鉄砲(てっぽう)は，堺や国友(くにとも)で大量に生産された。

(2) 1549年，鹿児島県に上陸した

② [　　　　　　　　　　　　　　]　が，

キリスト教を伝えた。各地で領国を支配していた

戦国大名(せんごくだいみょう)の中にはキリスト教を保護するものも現

れた。

キリスト教を信じる人が急速に増加していることが読み取れる。

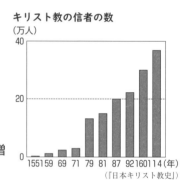

キリスト教の信者の数
(万人)

『日本キリスト教史』

(3) 堺などの港町では，スペインやポルトガルと，③ [　　　　　　　　　]　が行われ

た。この貿易では，日本は**鉄砲**や**火薬**，**生糸**(き いと)，**絹織物**(きぬおりもの)などを輸入し，日本からは

銀などが輸出された。

⭐ 戦国の世の中

(4) 現在の愛知県(あい ち)に生まれた④ [　　　　　　　　]　は，桶狭間(おけはざ ま)の戦いで今川氏(いまがわ)

を破った。1573年には，将軍(しょうぐん)の**足利氏**(あしかが)を追放し，室町幕府(むろまちばく ふ)をほろぼした。また，

⑤ [　　　　　　]　の戦いで，鉄砲を活用し，武田氏(たけ だ)を破った。その後，現在の滋

賀県に，⑥ [　　　　　]　を建てた。

(5) ⑥の城下では，商工業を発展させるため，

⑦ [   ] を行い，市場の

税や座をなくした。

(6) 1582年，天下統一を目前にして，家臣である**明智光秀**におそわれ，京都の

⑧ [   ] で自害した。

織田信長の領国と戦国大名

- 信長の領国1560年ごろ
- 信長の領国1572年ごろ
- 信長の領国1582年ごろ
- 信長にほろぼされた大名

安土城は琵琶湖の近くにあり，陸路と水路の両方で重要な地点だった。

🌟 **全国の統一**

(7) 織田信長の家臣であった ⑨ [   ] は，明智光秀をたおすと，

⑩ [   ] をきょ点とし，全国の大名をおさえ，天下統一をなしとげた。

(8) 支配下に置いた土地で，田畑の広さやよしあし，耕作している人を調べる，⑪ [   ] を行い，収入を安定させた。1588年には，

⑫ [   ] を行い，百姓たちから刀などの武器を取り上げ，**一揆**を防いだ。これらの政策によって，**武士**と**百姓**などの身分がはっきりと分かれた。

検地の様子(江戸時代)

道具を使って正確に田畑の広さを計測している。

(9) 国内の統一後，中国(明)を征服するために，⑬ [   ] に軍を送った。しかし，民衆のていこうなどに苦戦し，⑨の病死により兵を引きあげた。

ここをしっかり! **信長と秀吉の行ったことをそれぞれ整理しておこう**

	織田信長	豊臣秀吉
きょ点	安土城(滋賀県)	大阪城(大阪府)
政治	・楽市・楽座 ・キリスト教をみとめる	・検地 ・刀狩
その他	・本能寺で自害	・朝鮮に軍を送る

❷ 歴史

63

問題を解いてみよう！

解答・解説▶別冊 P.9

1 戦乱の時代とヨーロッパ人の来航について，次の問題に答えなさい。

(1) 鉄砲が伝わった種子島と鉄砲の生産がさかんだった
堺の場所を，右の**地図中のア〜エ**から選び，記号で
書きなさい。

種子島〔　　　　〕　堺〔　　　　〕

地図

(2) 鉄砲を伝えたのはどこの国の人ですか。次から選び，
記号で書きなさい。

ア スペイン　　**イ** ポルトガル　　**ウ** イギリス　　**エ** フランス

〔　　　　〕

(3) 次の文の**A**と**B**にあてはまることばを選び，〇をつけなさい。
織田信長は，鉄砲を効果的に活用して，**A**〔 桶狭間 ・ 長篠 〕の戦い
で，**B**〔 武田氏 ・ 今川氏 〕を破った。

(4) 鹿児島に来たフランシスコ・ザビエルが，日本に伝えた宗教は何ですか。

〔　　　　〕

(5) この時代に行われた貿易について述べた次の文のうち，正しいものに〇，ま
ちがっているものに×をつけなさい。

I スペインやポルトガルとの貿易を南蛮貿易という。

II 日本からは生糸や火薬などが輸出された。

III 日本の堺や長崎の港で貿易が行われた。

I〔　　　　〕　II〔　　　　〕　III〔　　　　〕

(6) この時代に登場した，自分の実力で領国を支配した大名は何と呼ばれていま
すか。

〔　　　　〕

2 織田信長について，次の問題に答えなさい。

(1) 1573年，織田信長は □ を京都から追い出して，室町幕府をたおした。
□ にあてはまることばを選び，記号で書きなさい。

ア　藤原氏　　イ　北条氏　　ウ　足利氏　　エ　蘇我氏

[　　　　]

(2) 織田信長が安土城下で定めた，楽市・楽座について述べた次の文中の（　　　　）
にあてはまる内容を書きなさい。

> 織田信長は，（　　　　）ことを目的として，市場の税や座をなくす，楽市・
> 楽座を行った。

[　　　　]

(3) 京都の本能寺で織田信長をおそった人物の名前を書きなさい。

[　　　　]

3 豊臣秀吉について，次の問題に答えなさい。

(1) 右の**資料**は，豊臣秀吉が出した命令です。この命令を何といいますか。

[　　　　]

資料

> 一　百姓が刀や弓・鉄砲など
> の武器をもつことは禁止す
> る。武器をたくわえて，年
> 貢を納めず，□を計画
> した者はばつをあたえる。
> （一部要約）

(2) **資料**中の □ にあてはまる，百姓などが団結して支配者に立ち向かうことを意味することばを書きなさい。

[　　　　]

(3) (1)や検地が行われたことで，この時代の社会にどのような変化が起こりましたか。次から選び，記号で書きなさい。

ア　武士と百姓の区別がはっきりした。

イ　力のあるものが上位のものをたおすようになった。

ウ　貴族の力が強くなった。

エ　天皇中心の政治体制が生まれた。

[　　　　]

⭐21 江戸幕府の政治

\重要!/
➡P.68〜69の
問題も解いてみよう!

要点まとめ

解答▶別冊 P.10

🌟 江戸時代の始まり

(1) 関ヶ原の戦いで勝利した ① [　　　　　　　] は，1603年に征夷大将軍に

任命されて ② [　　　　] に幕府を開いた。

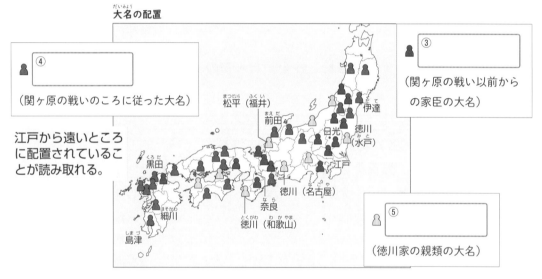

大名の配置

④ [　　　　]
（関ヶ原の戦いのころに従った大名）

③ [　　　　]
（関ヶ原の戦い以前からの家臣の大名）

⑤ [　　　　]
（徳川家の親類の大名）

松平（福井）
前田
日光
徳川（水戸）
伊達
黒田
江戸
徳川（名古屋）
奈良
細川
徳川（和歌山）
島津

江戸から遠いところ
に配置されているこ
とが読み取れる。

(2) 幕府は**武家諸法度**というきまりを定め，大名を取りしまった。3代将軍徳川家光

は ⑥ [　　　　　　　] の制度を整え，大名に1年ごとに江戸と領地を自分

の費用で往復させ，妻子は江戸に住まわせた。

人口の8割以上は百姓がしめている。

🌟 江戸時代の身分

(3) 江戸時代には，⑦ [　　　　　　] が世の中を支配する

身分とされた。

(4) 幕府は百姓たちに ⑧ [　　　　　] をつくらせ，共同

で年貢などの責任を負わせた。

身分別の人口の割合

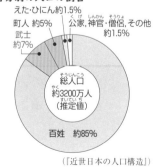

えた・ひにん約1.5%
町人　約5%
武士
約7%
公家,神官・僧侶,その他
約1.5%

総人口
約3200万人
（推定値）

百姓　約85%

（『近世日本の人口構造』）

⭐ 江戸時代の対外政策

(5) 徳川家康は、海外との貿易を許可する ⑨ [   ] を大名や商人にあたえ、**朱印船貿易**を積極的に行った。多くの日本人が東南アジアに移り住み、各地に**日本町**ができた。

(6) 幕府は、⑩ [   ] を禁止し、日本人の海外渡航・帰国も禁止した。

(7) 九州で**島原・天草一揆**（島原の乱）が起こった後、幕府はポルトガル船の来航を禁止し、外国との貿易は、キリスト教を布教しない**中国(清)**と**オランダ**のみに許した。この政策を、⑪ [   ] という。

長崎には人工の島である ⑫ [   ] がつくられ、オランダと貿易が行われた。

出島

(8) キリスト教の信者を見つけるため、キリストやマリアの像（**踏絵**）を踏ませる ⑬ [   ] を行った。

(9) ⑪を行っている期間も、限られた地域とは交易が行われた。

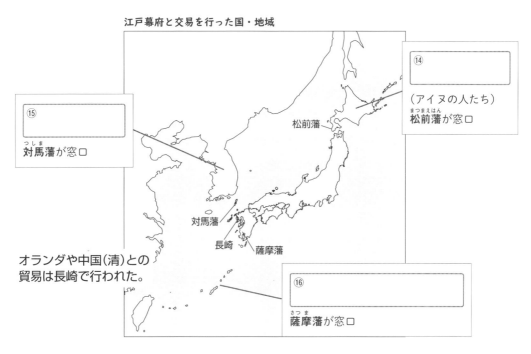

江戸幕府と交易を行った国・地域

⑭ [   ]
（アイヌの人たち）
松前藩が窓口

⑮ [   ]
対馬藩が窓口

松前藩

対馬藩

長崎

薩摩藩

オランダや中国(清)との
貿易は長崎で行われた。

⑯ [   ]
薩摩藩が窓口

問題を解いてみよう！

解答・解説▶別冊 P.10

1 江戸時代の政治と人々の身分について，次の問題に答えなさい。

(1) 右の**地図**中の**X**で起こった，徳川家康が豊臣氏に味方する大名らを破った戦いを何といいますか。

[　　　　　　]

地図

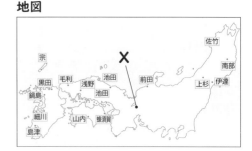

(2) **地図**中に示した，江戸からはなれた場所に置かれた大名を何といいますか。

[　　　　　　]

(3) 右の**資料**は，江戸幕府が定めたきまりです。これを何といいますか。

[　　　　　　]

資料

一　大名は，毎年4月に<u>参勤交代</u>すること。

一　新しく城を築くことは，禁止する。

一　大名は幕府の許可なく，かってに結婚してはならない。　　　　（一部要約）

(4) **資料**中の下線部は江戸幕府の3代将軍が加えたものです。この将軍はだれですか。

[　　　　　　]

(5) **資料**中の下線部の制度の説明として正しいものに〇，まちがっているものに×をつけなさい。

Ⅰ　大名は毎年4月だけ江戸に住んだ。

Ⅱ　大名の妻や子どもは，人質として江戸に住まわされた。

Ⅲ　参勤交代にかかる費用は幕府が負担した。

Ⅰ[　　]　Ⅱ[　　]　Ⅲ[　　]

(6) 右の**グラフ**中の**A**にあてはまる身分を，次から選び，記号で書きなさい。

ア　武士　　イ　百姓　　ウ　町人

[　　　　　　]

グラフ

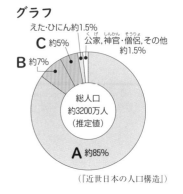

えた・ひにん約1.5%
C 約5%　公家,神官・僧侶,その他 約1.5%
B 約7%
総人口 約3200万人（推定値）
A 約85%

（『近世日本の人口構造』）

2 江戸時代の対外政策について，次の問題に答えなさい。

(1) 右の**地図**は，江戸時代初めに行われた貿易の航路を示したものです。この貿易を何といいますか。

地図
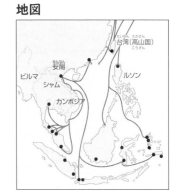

[ ]

(2) **地図**中の●にあった，日本人が多く住んだ町を何といいますか。

[ ]

(3) 次の文の**A**と**B**にあてはまることばを選び，○をつけなさい。

1637年，天草四郎(益田時貞)が中心となり，**A** [四国 ・ 九州] で**B** [島原・天草一揆 ・ 一向一揆] が起こった。

(4) 長崎で日本との貿易が許可された国を，次から2つ選び，記号で書きなさい。

ア オランダ　　イ スペイン　　ウ ポルトガル
エ 朝鮮　　　　オ 中国

[ ] [ ]

(5) (4)の国が日本との貿易を許可された理由は何ですか。簡単に書きなさい。

[ ]

(6) 次の文の**C**と**D**にあてはまることばを選び，○をつけなさい。

蝦夷地は**C** [松前藩 ・ 仙台藩] と，琉球王国は**D** [対馬藩 ・ 薩摩藩] と交易を行っていた。

(7) 右の**資料**の絵を何といいますか。

資料

[ ]

(8) (7)の絵が用いられた目的を，次から選び，記号で書きなさい。

ア 仏教の信者かどうか確かめるため。

イ キリスト教の信者かどうか確かめるため。

ウ ポルトガル人かオランダ人かを見分けるため。

エ 貿易を許可した船かどうかを確かめるため。

[ ]

22 江戸時代の文化1

＼重要！／
➡P.72〜73の
問題も解いてみよう！

要点まとめ

解答▶別冊 P.11

⭐江戸時代に栄えた都市と文化

(1) 江戸時代には平和が続き，社会が安定して都市が発達した。政治の中心である

①〔　　　　　　　〕は人口100万人の大都市となった。

京都は，
②〔　　　　　　　〕
時代から天皇がいる都。

江戸時代に栄えた都市

江戸は，
「④〔　　　　　　　〕
のおひざもと」と呼ばれた。

大阪は，「天下の
③〔　　　　　　　〕」
と呼ばれ，経済の中心地。

(2) 上方（大阪・京都）や江戸，各地の城下町に芝居小屋がつくられ，武士や町人の間

で ⑤〔　　　　　　　〕などが流行した。

(3) もともと武士だった ⑥〔　　　　　　　　　　　　　　　〕は，人形浄瑠璃や⑤の

脚本家として活やくし，「**曽根崎心中**」など約150編の作品を残した。

ここをしっかり！ ◀ **文化を時代と結び付けておこう**

	平安時代	室町時代	江戸時代
文学	『源氏物語』，『枕草子』	御伽草子	俳諧など
絵画	大和絵	すみ絵〔水墨画〕	浮世絵
演劇・芸能	田楽	能・狂言，茶の湯，生け花	歌舞伎，人形浄瑠璃

⭐ 江戸時代の絵画

(4) 風景や人物をえがいた が，大量に刷られ，安い値段で売られた

ことから，人々の間に広まった。

(5) 町人や百姓が旅に行けるようになったことから，すぐれた風景画が登場した。

⑧ [　　　　] の代表作に，富士

山をえがいた「富嶽三十六景」がある。

⑨ [　　　　] の代表作に，東海

道の名所をえがいた「**東海道五十三次**」があ

る。

「富嶽三十六景」

(6) ⑩ [　　　　] は人気のある歌舞

伎の役者や力士などの人物画をえがいた。浮

世絵は海外にも紹介され，ゴッホなど，

⑪ [　　　　] で活やくした画家

にも大きなえいきょうをあたえた。

「東海道五十三次」

**中学では
どうなる？**

● 中学では江戸時代の文化を，大きく元禄文化と化政文化に分けてとらえるよ。時代や文化の中心など，それぞれの特色を整理しておこう。

	元禄文化	化政文化
時代	17世紀末〜18世紀初め	19世紀初め
中心	上方(京都や大阪)の町人	江戸の町人
特色	はなやかで活気に満ちた文化	落ち着いた洗練された文化
文学	近松門左衛門(脚本)，松尾芭蕉(俳諧)	小林一茶(俳諧)，与謝蕪村(俳諧)
絵画	菱川師宣「見返り美人図」	風景画：葛飾北斎，歌川広重 人物画：東洲斎写楽，喜多川歌麿

問題を解いてみよう！

解答・解説▶別冊 P.11

1 江戸時代の都市と文化について，次の問題に答えなさい。

(1) 右の**地図**中の**A～C**は，江戸時代に栄えた
都市です。**A～C**の説明にあてはまるもの
を，次からそれぞれ選び，記号で書きなさ
い。

地図

ア　全国の産物が集まり取り引きされたこ
とから「天下の台所」とよばれた。

イ　「将軍のおひざもと」とよばれ，政治の
中心地だった。

ウ　平安時代からの都で，天皇のすまいがあった。

A [　　　]　B [　　　]　C [　　　]

(2) **地図**中の**A～C**について述べた文について，正しいものに○，まちがってい
るものに×をつけなさい。

Ⅰ　**A**の都市の人口は約100万人に増加した。

Ⅱ　**B**と**C**の都市は上方とよばれた。

Ⅲ　**B**の都市は経済の中心地であった。

Ⅰ [　　　]　Ⅱ [　　　]　Ⅲ [　　　]

(3) 右の**資料**は，江戸時代に芝居小屋でさか
んに演じられたものです。これを何とい
いますか。

資料

[　　　　　　　]

(4) (3)を見ていた観客はどのような人でしたか。次から選び，記号で書きなさい。

ア　天皇や貴族　　**イ**　百姓　　**ウ**　武士や町人　　**エ**　僧・宣教師

[　　　　　　　]

2 江戸時代の文化について，あとの問題に答えなさい。

A

B

C

(1) A～Cの作品の作者名を，次からそれぞれ選び，記号で書きなさい。

ア　東洲斎写楽　　イ　葛飾北斎　　ウ　歌川広重

A [　　　]　B [　　　]　C [　　　]

(2) Aは東海道の名所風景をえがいたものです。この作品をふくむ連作を何といいますか。

[　　　　　　　　　　　　　　]

(3) A～Cのような絵を何といいますか。

[　　　　　　　　　]

(4) (3)の説明として正しいものに○，まちがっているものに×をつけなさい。

Ⅰ　すみのこい，うすいをぬりわけて自然をえがいている。

Ⅱ　たくさんの色を用いた版画として大量に刷られた。

Ⅲ　高い値段で売られたため，将軍や大名しか買えなかった。

Ⅰ [　　　]　Ⅱ [　　　]　Ⅲ [　　　]

(5) (3)の絵は，ゴッホやマネなど， [　　　] の画家の作風にえいきょうをあたえた。 [　　　] にあてはまる地域を書きなさい。

[　　　　　　　　　　　　　　]

(6) 次の文のAとBにあてはまることばを選び，○をつけなさい。

A [　近松門左衛門　・　世阿弥　] は，武士の身分を捨ててあこがれていた脚本家となり，実際の事件をもとに，B [『曽根崎心中』・『枕草子』] などを書いた。

★23 江戸時代の文化2

要点まとめ

解答▶別冊P.11

⭐ 新しい学問

(1) 江戸時代中期，鎖国が続く中でも洋書の輸入ができるようになり，医学や天文学，地理学などヨーロッパの学問や文化を学ぶ ① [　　　　] がさかんになった。

(2) 現在の福井県出身の医者であった ② [　　　　] は，医者前野良沢とともに，満足な辞書がない中，③ [　　　　] 語で書かれた医学書をほん訳し，『④ [　　　　]』を出版した。

ほん訳したときの苦労と，人体を解剖するところを初めて見学したときの感動などが『⑤ [　　　　]』にまとめられている。

『解体新書』

(3) 現在の千葉県で商業を営んでいた ⑥ [　　　　] は，50才を過ぎてから江戸に出て，西洋の天文学や測量術を学んだ。幕府の命令で全国を測量し，死後，弟子などが正確な日本の ⑦ [　　　　] を完成させた。

ここをしっかり！ 蘭学と国学を区別しよう

● 蘭学…オランダ語で書かれた書物から，ヨーロッパの技術などを研究する学問。
● 国学…『古事記』や『万葉集』などから日本古来の考え方や文化を研究する学問。

🌸 日本を研究する学問と教育

(4) 現在の三重県の医者だった ⑧ [　　　　　　　　] は『古事記』を研究して

『⑨ [　　　　　　　　]』を書いた。日本に ⑩ [　　　　　　] や儒教が伝わ

る前の，日本人の本来の考え方を明らかにしようとする ⑪ [　　　　　] を大成

した。

(5) 百姓や町人の子どもたちは，⑫ [　　　　　　　] で，

「読み・書き・⑬ [　　　　　　　]」を習っ

た。

寺子屋のようす

(6) 藩は ⑭ [　　　　　] をつくって武士の子弟に必要な武芸や学問を学ばせた。

🌸 新しい時代への動き

(7) 江戸時代の後半，農作物が実らず食料が不足する ⑮ [　　　　　　] が発生すると，

物価が上昇し，社会が不安になった。

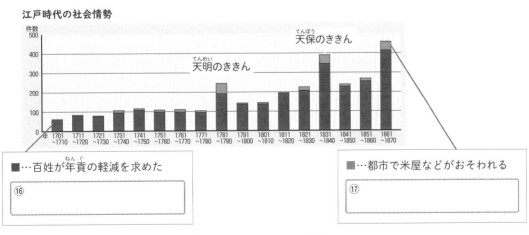

江戸時代の社会情勢

■…百姓が年貢の軽減を求めた
⑯ [　　　　　　　　　]

■…都市で米屋などがおそわれる
⑰ [　　　　　　　　]

(8) 1837年に，元役人の ⑱ [　　　　　　　　] が，貧困にあえぐ人々を救おう

として大阪で反乱を起こした。

24 明治維新

\重要!/
→P.78〜79の
問題も解いてみよう!

要点まとめ
解答▶別冊P.11

⭐ 鎖国の終わり

(1) 1853年，アメリカの ①[　　　　　] が軍艦を率

いて浦賀に来航し，江戸幕府に開国を求めた。

(2) 1854年，幕府はアメリカとの間で

②[　　　　　　　　　　　　　　　] を結

び下田と函館の2港を開いた。

(3) 1858年，アメリカとの間で

③[　　　　　　　　　　　　　　　] が結ばれ，貿易が始まった。その

結果，品物が不足したり米が値上がりしたりして，人々の生活は苦しくなった。

開港地の位置

- ◻ 日米和親条約
  での開港地
- ◼ 日米修好通商条約
  での開港地

函館　函館
新潟
兵庫（神戸）
長崎　神奈川（横浜）
下田

⭐ 江戸幕府の滅亡

(4) **坂本龍馬** らの仲立ちで，**薩摩藩**の ④[　　　　　　　]，**大久保利通** と

⑤[　　　　　] 藩の**木戸孝允**らは同盟を結び，倒幕の動きを強めた。

(5) 1867年，15代将軍 ⑥[　　　　　　　] が朝廷に政権を返し，江戸幕府

がほろんだ。**勝海舟** らの活やくで，戦わずに江戸城

の明けわたしが実現した。

(6) 新政府は新しい政治の方針として，**五箇条の御誓文**

を ⑦[　　　　　] 天皇の名で発表した。

五箇条の御誓文

> 一　政治のことは会議を
> 開き，みんなの意見を
> 聞いて決めよう。
> 一　国民が心を合わせ
> て，国の勢いをさかん
> にしよう。(部分要約)

⭐ 新政府による国づくり

(7) 明治政府による政治の改革を ⑧ [＿＿＿＿＿＿＿＿] という。

・**版籍奉還**…これまで各地の ⑨ [＿＿＿＿＿＿] が治めていた領地と領民を天皇に返

させた。

・**廃藩置県**…藩を廃止し，全国に府と ⑩ [＿＿＿] を設置した。

・身分制度の廃止…公家と大名は華族，武士は士族，百姓

や町人は ⑪ [＿＿＿＿＿＿] と呼ばれるようになった。

新しい身分の割合

華族・神官・僧
など 0.9%

士族など
5.5%

人口
約3313
万人

平民

93.6%

『近世日本の人口構造』

(8) 経済を発展させ，強い軍隊をつくる

⑫ [＿＿＿＿＿＿＿＿] を進めた。

・**殖産興業**…産業を発展させるため，**富岡製糸場(群馬県)** などの

⑬ [＿＿＿＿＿＿＿＿] がつくられた。

・ ⑭ [＿＿＿＿＿] …**20才以上の男子**に３年間の**兵役**を義務づけた。

・**地租改正**…土地の価格の ⑮ [＿＿＿] ％を現金で納めさせることで，**国の収入を安定**

させた。

・**学制**を定め， ⑯ [＿＿] 才以上の男女を小学校に通わせた。

⭐ 新しい世の中の生活

(9) 西洋の制度や文化を取り入れる ⑰ [＿＿＿＿＿＿＿＿] の風潮が広まった。

(10) ⑱ [＿＿＿＿＿＿＿] が『学問のすゝめ』を書き，社会にえいきょうをあ

たえた。

問題を解いてみよう！

解答・解説▶別冊 P.11

1 開国と江戸幕府の滅亡について，次の問題に答えなさい。

(1) 4隻の軍艦を率いて，右の**地図**中の浦賀に来航
し，日本に開国を求めた人物はだれですか。

[　　　　　　　　　]

地図

(2) (1)の人物が来航した翌年に結ばれた条約によっ
て，開港がきまった港の位置を，**地図**中の**あ**〜
えから2つ選び，記号で書きなさい。

[　　　　] [　　　　]

(3) アメリカとの貿易が始まるきっかけとなった条約を何といいますか。

[　　　　　　　　　　　　　　　　]

(4) 次の説明にあてはまる人物を，あとから選び，記号で書きなさい。

I　幕府の役人で，戦わずに江戸城を明けわたすことを決めた。
II　長州藩出身で，新政府の中心となった。
III　長州藩と薩摩藩との同盟の仲立ちをした。
ア　木戸孝允　　　**イ**　大久保利通　　　**ウ**　坂本龍馬　　　**エ**　勝海舟

I [　　　] II [　　　] III [　　　]

(5) 天皇に政治を返すことを決定した，江戸幕府の15代将軍の名前を書きなさ
い。

[　　　　　　　　　]

(6) 右の**資料**は，1868年に，新政府が天皇の名前で，
政治の方針を発表したものの一部です。これを何
といいますか。

[　　　　　　　　　]

資料

　一　政治のことは会議を
　　開き，みんなの意見を
　　聞いて決めよう。
　一　国民が心を合わせ
　　て，国の勢いをさかん
　　にしよう。(部分要約)

2 新政府の新しい国づくりについて，次の問題に答えなさい。

(1) 次の説明にあてはまる政策の名前を，あとから選び，記号で書きなさい。

Ⅰ　藩を廃止し，全国に府と県を置き，国から役人を派遣した政策。

Ⅱ　大名の領地と領民を天皇に返させた政策。

Ⅲ　国が運営する官営工場をつくり，工業を発展させる政策。

ア　殖産興業　　イ　版籍奉還　　ウ　廃藩置県

Ⅰ [　　　]　Ⅱ [　　　]　Ⅲ [　　　]

(2) 次の文のＡとＢにあてはまることばを選び，○をつけなさい。

徴兵令では，Ａ [　18才　・　20才　] 以上の男子に，Ｂ [　1　・　3　] 年間，軍隊に入ることを義務づけた。

(3) 右の**表**は，明治政府が行った改革の1つを示しています。新政府がこの政策を行った理由を簡単に書きなさい。

表

	改正前（江戸時代）	改正後
納税者	耕作者	土地所有者
納税方法	米で納める（年貢）	現金で納める

[　　　　　　　　　　　　　　　　　　　　　　　　　　　　　　　]

(4) 右の**グラフ**は，明治時代初めごろの人口の割合を示したものです。**グラフ**中の [　　] にあてはまる，江戸時代に百姓や町人だった人たちの身分の呼び名を書きなさい。

[　　　　　　　]

グラフ

華族・神官・僧など 0.9%
士族など 5.5%
人口約3313万人
93.6%

（『近世日本の人口構造』）

(5) 明治時代の初めごろの様子について述べた文として，正しいものに○，まちがっているものに×をつけなさい。

Ⅰ　庶民の子どもは寺子屋に通って「読み・書き・そろばん」を学んだ。

Ⅱ　外国人を武力で追い出し，外国の文化を否定する風潮が生まれた。

Ⅲ　国の産業を発展させるために，富岡製糸場などがつくられた。

Ⅳ　福沢諭吉は，『学問のすゝめ』を書いて，欧米の思想を紹介した。

Ⅰ [　　]　Ⅱ [　　]　Ⅲ [　　]　Ⅳ [　　]

25 日本の近代化

＼重要！／
→P.82〜83の
問題も解いてみよう！

要点まとめ

解答▶別冊P.12

⭐ 国会の開設を求める運動

(1) 1877年，政府に不満をもつ**士族**が，**西郷隆盛**を中心として，

> ①〔　　　　　　　　　　〕を起こしたが，政府軍にしずめられた。これ以降，政

府を批判する手段は，武力から言論が中心になる。

(2) **板垣退助**は，政府に意見書を出し，国会を開くことを求める

> ②〔　　　　　　　　　　〕の中心となる。

(3) 国会開設に備え，板垣退助は ③〔　　　　　〕を結成し，

> ④〔　　　　　　　　　　〕は**立憲改進党**をつくった。

⭐ 内閣制度と新しい憲法

(4) 1885年，⑤〔　　　　　　　　　　〕が初代の内閣総理大臣に就任した。

(5) **皇帝の権限が強い** ⑥〔　　　　　　　〕の憲法を手本として，1889年，**天皇が国民に**

あたえる形で，⑦〔　　　　　　　　　　　　　　　〕（**明治憲法**）が発布

された。この憲法では，国を治める主権者は，

> ⑧〔　　　　　〕とされた。

国家のしくみ

統治権は国を治める権利。
統帥権は軍隊を指揮する権利。

大日本帝国憲法のもとでは，国民は「**臣民**」と呼ばれていた。

天皇

枢密院　統治権　統帥権

行政権　司法権　立法権　陸海軍
内　閣　裁判所　帝国議会
　　　　　　　　貴族院　衆議院　徴兵
　　　　　　選挙（制限あり）

臣　　民

(6) **帝国議会**は，国民の中から選挙で選ばれた議員で組織される ⑨ [____] と，**貴族院**で構成された。

(7) 1890年，憲法に基づいた初めての選挙が行われたが，選挙権をもつのは一定の税金を納めた ⑩ [____] オ以上の男子に限られ，当時の国民の約1％にすぎなかった。

★ 不平等条約の改正

(8) 江戸時代に結ばれた条約は，外国人が日本で罪をおかした場合，外国の領事がその国の法律で裁判を行う ⑪ [____] を認めた点と，輸出入品にかける税金を国が自由に決めることができる ⑫ [____] が，日本に認められなかった点で不平等な内容だった。

(9) 1886年，和歌山県沖でイギリス人の乗組員は助かったが，日本人の乗客は全員が水死する ⑬ [____] が起こった。イギリス人の領事による裁判を受けた船長が軽いばつですんだことから，⑪をめぐる条約改正の世論が高まった。

(10) 1894年，外務大臣 ⑭ [____] はイギリスと交しょうし，⑪をてっぱいさせた。

(11) 1911年，外務大臣 ⑮ [____] は⑫を回復した。

ここをしっかり！ 不平等条約の内容と条約改正の流れ

● 不平等条約の内容は，江戸時代末期の**日米修好通商条約**などで定められたよ。
● **関税自主権**がないと，安い輸入品におされて，**国内の産業が衰退**するよ。
● 内閣制度の成立や，大日本帝国憲法の制定など，法制度が整理され，産業が発展していく中で条約改正は実現したよ。

問題を解いてみよう！

解答・解説▶別冊 P.12

1 国会開設の動きと憲法について，次の問題に答えなさい。

(1) 次の文の**A・B**にあてはまることばを選び，○をつけなさい。

西南戦争は，政府に不満をもつ**A** [平民 ・ 士族] が
B [西郷隆盛 ・ 大久保利通] を中心として起こしたものである。

(2) 国会開設に備えて**I**板垣退助，**II**大隈重信がつくった政党名を，次からそれ
ぞれ選び，記号で書きなさい。

ア 立憲改進党　　**イ** 民主党　　**ウ** 自由党　　**エ** 自民党

I [　　　]　**II** [　　　]

(3) 右の**資料**は，日本で1889年に発布され
た，憲法の内容を示しています。この憲
法を何といいますか。

[　　　　　　　　　]

資料

第4条　天皇は，国の元首であり，
この憲法によって国や国民を治
める。
第29条　国民は，法律の範囲の中
で，言論，出版，集会，結社の
自由をもつ。（要約，一部抜粋）

(4) (3)がドイツの憲法を手本にした理由を，
簡単に書きなさい。

[　　　　　　　　　　　　　　　　　　　　　　　　]

(5) (3)の説明として正しいものに○，まちがっているものに×をつけなさい。

I　天皇が国民にあたえる形で出された。
II　国を治める主権をもつのは天皇である。
III　軍隊を統率するのは内閣総理大臣である。

I [　　　]　**II** [　　　]　**III** [　　　]

(6) 第1回帝国議会について，次の文の**A・B**にあてはまることばを選び，○を
つけなさい。

帝国議会は，衆議院と**A** [参議院 ・ 貴族院] から成り立っており，一
定額の税金を納めた**B** [20 ・ 25] 才以上の男子には，衆議院議員の
選挙権が認められた。

2 条約改正について，次の問題に答えなさい。

(1) 江戸幕府が1858年にアメリカと結んだ不平等な条約を何といいますか。
_{え ど ばく ふ}

(2) (1)では，日本で罪をおかした外国人はどのように裁判を行うことが決まりましたか。次から選び，記号で書きなさい。

　　ア　日本の裁判官が日本の法律で裁判を行う。

　　イ　日本の裁判官が外国の法律で裁判を行う。

　　ウ　外国の領事が日本の法律で裁判を行う。

　　エ　外国の領事がその国の法律で裁判を行う。

(3) ノルマントン号事件について，次の文の**A・B**にあてはまることばを選び，○をつけなさい。

　　1886年，和歌山県沖で，**A**〔　イギリス　・　フランス　〕の船が沈没する，ノルマントン号事件が起こった。この事件で，船長に下された判決が不当に**B**〔　軽かった　・　重かった　〕ことから，江戸時代に結ばれた不平等条約の改正を求める声が強くなった。
_{わ か やま}

(4) 外国からの輸入品に対して，自由に税金がかけられないとどのような問題が起こりますか。

　　ア　国内の産業が衰退する。　　イ　外国への輸出が減る。
　　　　　　　　　　_{すいたい}

　　ウ　国内の商品の質が下がる。　　エ　外国からの輸入が減る。

(5) 次の**ア〜エ**のできごとについて，年代の古い順に並べかえ，記号で書きなさい。

　　ア　鹿児島県などで，西南戦争が起こった。
　　　　_{か ご しま}

　　イ　陸奥宗光が治外法権〔領事裁判権〕のてっぱいに成功した。
　　　　_{む つ むねみつ}　　_{ち がいほうけん}　　_{りょう じ さいばんけん}

　　ウ　小村寿太郎が関税自主権を回復することに成功した。
　　　　_{こ むらじゅ た ろう}　　_{かんぜい じ しゅけん}

　　エ　伊藤博文が初代内閣総理大臣に就任した。
　　　　_{い とうひろぶみ}

26 世界への進出

＼重要!／
➡P.86〜87の
問題も解いてみよう!

学習日
月　　日

要点まとめ

解答▶別冊 P.13

🌟 清との戦争

日本と清が朝鮮（魚）を
ねらっている。

朝鮮をめぐる３つの国の風刺画

(1) 日本と清は [① 　　　　　　　] をめぐって対立を深め

ていた。1894年，①で反乱が起こると，日本と

清が軍隊を送り [② 　　　　　　　　　] が始

まった。

(2) 戦争に勝利した日本は，多額の賠償金を得て，[③ 　　　　　　] などを植民地に

した。

(3) [④ 　　　　　] はドイツ，フランスとともに，日本に対して，清にリャオトン

（遼東）半島を返すことを要求し，認めさせた。④は満州などに勢力をのばしたた

め，日本との対立は深まった。

🌟 ロシアとの戦争と大陸への進出

日露戦争のようす

(4) 1904年，ロシアとの間で

[⑤ 　　　　　　　] が起こった。**東**

郷平八郎の指揮する艦隊が日本海海戦でロシ

アの艦隊を破った。

(5) [⑥ 　　　　　　] は「君死にたま

ふことなかれ」という詩を発表し，戦争反対の意思を表した。

(6) 日本は戦争に勝利し，樺太〔サハリン〕の南半分と南満州の鉄道などを得たが，

賠償金は得られなかった。

(7) 日本は1910年に [⑦ 　　　　　] を併合し，植民地とした。

🌟 産業と科学の発達

(8) 1880年代，製糸業や紡績業など，

[⓪_____] 工業を中心に，工業が

急速に発展した。また，日清戦争後，

賠償金の一部で，

[⑨_____] がつくられ，

重化学工業発展の基礎となった。

生糸（きいと）の輸出割合が大きいことと，綿花の
輸入割合が増えていることを読み取る。

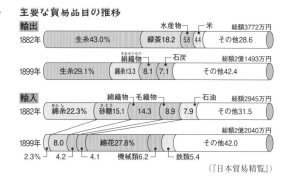

主要な貿易品目の推移

輸出
1882年　生糸43.0%　　緑茶18.2　水産物5.8　米4.4　その他28.6　総額3772万円
1899年　生糸29.1%　絹織物（きぬおりもの）綿糸13.3　8.1　石炭7.1　その他42.4　総額2億1493万円

輸入
1882年　綿糸（めんし）22.3%　砂糖（さとう）15.1　綿織物14.3　毛織物8.9　7.9　石油　その他31.5　総額2945万円
1899年　2.3%　4.2　8.0　4.1　綿花27.8%　機械類6.2　鉄鋼5.4　その他42.0　総額2億2040万円

（『日本貿易精覧』）

(9) 栃木県（とちぎ）で [⑩_____] 鉱毒（こうどく）事件が起こると，衆議院議員（しゅうぎいん）の**田中正造**（たなかしょうぞう）は被害（ひがい）にあった人々の救済をうったえた。

(10) [⑪_____] は破傷風（はしょうふう）の治療（ちりょう）方法を発見した。**野口英世**（のぐちひでよ）は

[⑫_____] の研究を行い，**志賀潔**（しがきよし）は**赤痢菌**（せきりきん）を見つけた。

🌟 民主主義の意識の高まり

(11) 市川房枝（いちかわふさえ）や [⑬_____] は，女性の自由と権利の拡大をめざす運動を行った。

(12) 身分制度が改められたあとも差別に苦しんでいた人々によって

[⑭_____] が結成された。

(13) 1925年，**25才以上のすべての男子**に選挙権を認める [⑮_____]

が実現した。

**中学では
どうなる？**

● 日本だけでなく世界の動きについてくわしく学ぶよ。
● 1914年に，イギリス・フランス・ロシアを中心とする国とドイツ・オーストリアを中心とする国に分かれて，第一次世界大戦が始まったよ。

問題を解いてみよう!

解答・解説▶別冊P.13

1 清やロシアとの戦争について，次の問題に答えなさい。

(1) 右の**地図**中の**X**で起きた農民の反乱をきっかけにして，1894年に起こった戦争を何といいますか。

地図

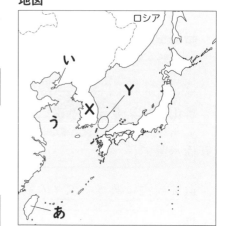

(2) (1)の後，ロシアなどの国が，日本に対して清に返すように要求した場所を，**地図**中の**あ～う**から選び，記号で書きなさい。

(3) (1)の講和条約の内容として正しいものを，次から選び，記号で書きなさい。

　ア　日本は樺太（サハリン）の南半分をゆずり受けた。

　イ　日本は台湾と南満州の鉄道をゆずり受けた。

　ウ　日本は清から多額の賠償金を得た。

　エ　日本には関税自主権がなく，清の治外法権を認めた。

(4) **地図**中の**Y**は，1904年から始まった戦争で，日本がロシアの艦隊を破った場所です。このときに活やくした人物はだれですか。

(5) 1904年から始まった戦争に，兵士として出征した弟を心配して，右の**資料**の詩をよんだ人物はだれですか。

資料

「君死にたまふことなかれ」
あゝをとうとよ君を泣く
君死にたまふことなかれ
末に生まれし君なれば
親のなさけはまさりしも
親は刃をにぎらせて
人を殺せとをしへしや（一部）

2 産業や科学の発達，社会の変化について，次の問題に答えなさい。

(1) 次の I ～ IV にあてはまる人物を，あとからそれぞれ選び，記号で書きなさい。

Ⅰ　ガーナなどで黄熱病（おうねつびょう）の研究に取り組んだ。

Ⅱ　コッホの研究所で学び，破傷風（はしょうふう）の治療法（ちりょう）を発見した。

Ⅲ　赤痢菌（せきりきん）を発見し，治療薬を開発した。

Ⅳ　足尾銅山鉱毒（あしおどうざんこうどく）事件による被害者救済（ひがい）のために力をつくした。

ア　志賀潔（しがきよし）　　イ　北里柴三郎（きたさとしばさぶろう）　　ウ　野口英世（のぐちひでよ）　　エ　田中正造（たなかしょうぞう）

Ⅰ [　　] Ⅱ [　　] Ⅲ [　　] Ⅳ [　　]

(2) 八幡製鉄所（やはたせいてつじょ）がつくられた場所を，右の**地図**中のア～エから選び，記号で書きなさい。

[　　]

地図

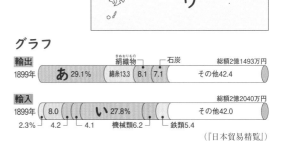

(3) 右の**グラフ**は，おもな輸出入品の割合を示したものです。**あ・い**にあてはまるものを，次からそれぞれ選び，記号で書きなさい。

ア　銀　　　イ　綿花
ウ　生糸（きいと）　エ　銅銭

グラフ

| 輸出 | | | | | | | 総額2億1493万円 |
| 1899年 | **あ** 29.1% | 綿糸13.3 | 8.1 | 7.1 | | その他42.4 | |

絹織物（きぬおりもの）　石炭

| 輸入 | | | | | | 総額2億2040万円 |
| 1899年 | 8.0 | **い** 27.8% | | | | その他42.0 |

2.3%　4.2　4.1　機械類6.2　鉄類5.4

（『日本貿易精覧』）

あ [　　] い [　　]

(4) 右の**資料**は，女性の自由と権利の拡大を目指した人物が呼びかけた内容の一部です。この人物はだれですか。

[　　　　　]

資料

> もともと，女性は太陽であった。しかし今，女性は月である。他によって生き，他の光によってかがやく，病人のような青白い顔色の月である。…
>
> （一部要約）

(5) 普通選挙（ふつう）について述べた次の文の**A**と**B**にあてはまることばを選び，○をつけなさい。

1925年から選挙権をもつことになったのは，**A**［　20才　・　25才　］以上のすべての**B**［　男女　・　男子　］である。

(6) 全国水平社（すいへいしゃ）は何を目的として，設立されましたか。簡単に書きなさい。

[　　　　　　　　　　　　　　　　　　　　　　　]

87

学習日

月　　日

27 戦争の広がり

＼重要！／
➡P.90～91の
問題も解いてみよう！

要点まとめ

解答▶別冊P.13

満州国の位置

⭐中国との戦争

(1) 1931年，日本軍は中国にある

　　①＿＿＿＿＿＿＿＿＿＿　の線路を

爆破し，これを中国軍のしわざとし

て，**満州事変**が始まった。

(2) 1932年，日本は満州を占領し　②＿＿＿＿＿＿＿＿　を建国したが，中国のうったえ

により，③＿＿＿＿＿＿＿＿＿＿　は建国を認めないことを決議したため，日

本は③を脱退し，国際社会で孤立した。

(3) 1937年，中国の首都ペキンの近くで日本軍と中国軍がしょうとつしたことがきっ

かけで，④＿＿＿＿＿＿＿＿＿　が始まった。

⭐世界に広がる戦争

(4) 1939年，ドイツがポーランドに侵攻したことをきっかけに，ヨーロッパで

⑤＿＿＿＿＿＿＿＿＿＿＿＿＿　が始まった。

(5) 日本は，**ドイツ・イタリア**とは軍事同盟を結ぶとともに，⑥＿＿＿＿＿＿　など

の資源を求めて**東南アジア**に軍隊を進めた。

(6) 1941年，日本軍はハワイの⑦＿＿＿＿＿＿　にある**アメリカ軍基地**などを攻撃し，

⑧＿＿＿＿＿＿＿＿＿　が始まった。

🌟 戦争と人々のくらし

(7) 政府は，国民や物資などを戦争につぎこむことができる法律（**国家総動員法**〔こっかそうどういんほう〕）を制定し，戦時体制を強めた。

(8) 物資が不足し，米などが ⑨ [　　　　]，砂糖などが切符〔きっぷ〕制となった。

(9) 日本の本土への ⑩ [　　　　] がはげしくなると，都市の小学生は地方へ

⑪ [　　　　] した。

(10) 中学生や女子学生は兵器工場などへ，文系〔ぶんけい〕の ⑫ [　　　　] は兵士として戦場

に動員された。

🌟 日本の敗戦

(11) 1944年になると，多くの都市がはげしい空襲〔くうしゅう〕を受けた。

・空襲を受けた都市

1945年8月6日
⑬ [　　　　]
に原爆〔げんばく〕投下。

1945年8月9日
⑭ [　　　　]
に原爆投下。

1945年3月〜
アメリカ軍が沖縄〔おきなわ〕に上陸し，
約3〜5か月にわたって
⑮ [　　　　] が行
われた。

(12) 満州や樺太〔からふと〕〔サハリン〕南部では，⑯ [　　　　]

（ソ連）がせめこんで，多くの人が犠牲〔ぎせい〕になった。

(13) **1945年8月15日**，⑰ [　　　　] が日本の降伏〔こうふく〕を ⑱ [　　　　]

で国民に伝えた（玉音〔ぎょくおん〕放送）。

問題を解いてみよう!

解答・解説▶別冊 P.14

1 中国との戦争について，次の問題に答えなさい。

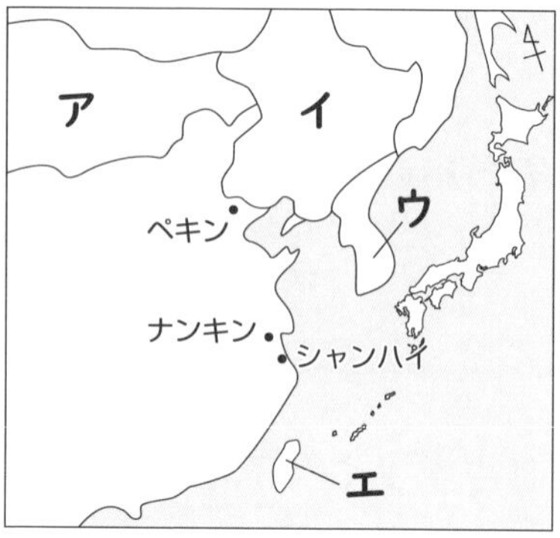

(1) 1931年，日本軍が南満州鉄道の線路を爆破し，これを中国軍のしわざだとして始まったできごとを何といいますか。

[　　　　　]

地図

（地図：ア　イ　ウ，ペキン，ナンキン，シャンハイ，エ）

(2) (1)により，日本軍が建国した満州国の位置を，右の**地図**中の**ア〜エ**から選び，記号で書きなさい。

[　　　　　]

(3) 満州国の建国が認められなかったため，日本が脱退した国際組織の名前を書きなさい。

[　　　　　]

(4) 1937年に起こった日中戦争は，[　　]の郊外で，日本軍と中国軍がしょうとつしたことをきっかけに始まりました。[　　]にあてはまる都市の名前を，**地図**中から選んで書きなさい。

[　　　　　]

(5) 日中戦争について，正しいものに○，まちがっているものに×をつけなさい。

I この戦争の結果，日本は朝鮮を支配した。
II アメリカは日本を支援した。
III 中国は日本だけでなくソ連（ソビエト連邦）とも戦った。
IV 戦争が長期化したため，日本政府は国家総動員法を定めた。

I [　] II [　] III [　] IV [　]

2 第二次世界大戦について，次の問題に答えなさい。

(1) 日本が1940年に同盟を結んだ国を，次から2つ選び，記号で書きなさい。

　　ア イギリス　　**イ** イタリア　　**ウ** ドイツ　　**エ** アメリカ

　　　　　　　　　　　　　　　　　　　[　　　　　][　　　　　]

(2) 日本は石油などの資源を求めて，　**X**　に軍を送りました。これを警戒<ruby>警戒<rt>けいかい</rt></ruby>した，　**Y**　と対立が深まり，日本軍は，1941年に真珠湾<ruby>真珠湾<rt>しんじゅわん</rt></ruby>にある　**Y**　軍の基地を攻撃<ruby>攻撃<rt>こうげき</rt></ruby>しました。**X**と**Y**にあてはまることばの組み合わせを選び，記号で書きなさい。

　　ア **X**—東南アジア　**Y**—イギリス
　　イ **X**—東南アジア　**Y**—アメリカ
　　ウ **X**—南アメリカ　**Y**—イギリス
　　エ **X**—南アメリカ　**Y**—アメリカ

　　　　　　　　　　　　　　　　　　　　　　　　[　　　　　]

(3) 空襲<ruby>空襲<rt>くうしゅう</rt></ruby>がはげしくなると，都市の小学生は被害<ruby>被害<rt>ひがい</rt></ruby>をさけるため，農村などに移り住みました。これを何といいますか。

　　　　　　　　　　　　　　　　　　　　　　　[　　　　　]

(4) 1945年3月から約3〜5か月間，地上戦が行われた都道府県を，右の**地図**中の**ア**〜**エ**から選び，記号で書きなさい。

　　　　　　　　　　　　[　　　　　]

地図

(5) 原子爆弾<ruby>原子爆弾<rt>げんしばくだん</rt></ruby>が投下された，右の**地図**中の**あ・い**の都市名をそれぞれ書きなさい。

　　　　　　　　　　あ[　　　　　] い[　　　　　]

(6) **あ・い**に原子爆弾が投下された日を，次からそれぞれ選び，記号で書きなさい。

　　ア 8月4日　　**イ** 8月6日　　**ウ** 8月8日　　**エ** 8月9日

　　　　　　　　　　　　　　　あ[　　　　　] い[　　　　　]

⭐28 戦後の日本

＼重要！／
➡P.94～95の
問題も解いてみよう！

要点まとめ

—— 解答▶別冊 P.14

🏛 終戦直後の人々のくらしと改革

(1) 食料が不足し，「やみ市」が各地にできた。空襲（くうしゅう）で多くの校舎が焼けたことから，子どもたちは「①[　　　　　　　　]」で学び，戦争についての記述が消された**すみぬりの教科書**が使われた。

(2) 日本はアメリカを中心とする連合国軍に占領（せんりょう）され，改革が進められた。

・選挙権は，②[　　　　　]**才以上のすべての男女**に認められ，女性の国会議員も生まれた。(2023年現在，選挙権は18才以上のすべての男女にある。)

・大日本帝国憲法（ていこくけんぽう）にかわる，③[　　　　　　　　　　]が**1946年11月3日**に公布され，翌年**5月3日**に施行（しこう）された。

・小・中学校の**9年間**が④[　　　　　　　　]となった。

・⑤[　　　　　　　　]により，多くの農民が土地をもてるようになった。

🏛 国際的な日本の立場

(3) 1945年，世界平和を守るため⑥[　　　　　　　　　]が設立され，日本は**1956年に加盟**（かめい）した。

(4) 1950年に**朝鮮戦争**（ちょうせん）が起こると，日本では，**警察予備隊**（けいさつよびたい）が発足（ほっそく）し，1954年に⑦[　　　　　]に改組された。

(5) 1951年，日本は**サンフランシスコ平和条約**を結び，翌年に独立国として主権を回復。同時に⑧[　　　　　　　　　　]が結ばれ，日本国内にアメリカ軍がとどまることになった。

🏅 産業の発展と生活

(6) 1964年，アジア初となる ⑨ [   ] オリンピック・パラリンピックが開催

される。これに合わせて東海道 ⑩ [   ] が開通し，高速道路も次々と整

備された。

(7) 1950年代以降，家庭に電化製品が広まる。**白黒テレビ，洗濯機，冷蔵庫**は

「⑪ [   ] 」と呼ばれた。産業が急速に発展する**高度経済成長**

と呼ばれる経済発展が始まる。

(8) 一方で，水や空気といった環境が汚染され，人々の健康や命がおびやかされる

⑫ [   ] の問題が発生した。

(9) 1980年代後半に ⑬ [   ] と呼ばれる好景気をむかえたが，

1991年に，地価や株価が暴落したことでこれがくずれた。

🏅 国際社会の中の日本

(10) 1972年には ⑭ [   ] がアメリカから返還されたが，アメリカ軍の基地は

現在も残されている。

(11) 周辺の国々と国交を正常化し，友好的な関係を築く努力が行われてきた。

日本と周辺の国々の関係

⑮ [   ]

・1972年に国交正常化。

・1978年に**日中平和友好**
条約を結ぶ。

⑯ [   ]

・北方領土の問題が残る。

⑰ [   ]

・1965年に条約を結び，
国交正常化。

問題を解いてみよう！

解答・解説▶別冊 P.14

1 戦後の日本のようすについて，次の問題に答えなさい。

(1) 終戦直後のようすについて述べた文として，**誤っているもの**を，次から選び，記号で書きなさい。

　　ア　人々は「やみ市」などで食料を手に入れた。

　　イ　戦争について書かれた部分をすみで消した教科書が使われた。

　　ウ　校庭にいすを並べた「青空教室」で授業を行う学校もあった。

　　エ　中学生や女学生が兵器工場などで働かされた。

［　　　　］

(2) 戦後の改革について述べた文として正しいものを，次から２つ選び，記号で書きなさい。

　　ア　学制（がくせい）が定められ，義務教育が始まった。

　　イ　女性で国会議員となる人が現れた。

　　ウ　富国強兵（ふこくきょうへい）政策の１つとして，徴兵令（ちょうへいれい）が定められた。

　　エ　農地改革で，多くの農民が自分の土地をもてるようになった。

［　　　　］［　　　　］

(3) 右の**資料**は，選挙権があたえられた人々の割合の変化を示したものです。1946年に大きく増加した理由を，簡単に書きなさい。

［
　　　　　　　　　　　　　　　　　　　　　　　　］

資料
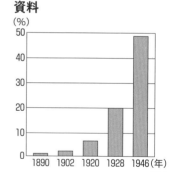

(4) 次の文の**A**と**B**にあてはまることばを選び，〇をつけなさい。

1950年に**A**〔　朝鮮（ちょうせん）戦争　・　ベトナム戦争　〕が始まると，日本では，警察予備隊（けいさつよびたい）がつくられた。また，1956年には**B**〔　国際連盟（こくさいれんめい）　・　国際連合（こくさいれんごう）　〕に加盟した。

(5) 日本が1951年に結び，翌年に独立国として主権を回復した条約を何といいますか。

［　　　　　　　　　　　　　　　　　　　］

2 産業の発展と国際社会の中の日本について，次の問題に答えなさい。

(1) 電気製品のうち，「三種の神器」と呼ばれたものを，右の**グラフ**中の**A〜F**から3つ選び，それぞれ記号で書きなさい。

[　]　[　]　[　]

グラフ　電気製品保有率の推移

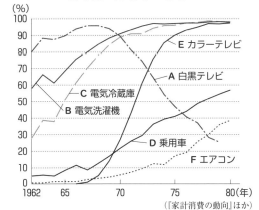

(『家計消費の動向』ほか)

(2) 右の**グラフ**を正しく読み取ったものを，次から選び，記号で書きなさい。

ア　1975年で最も保有率が低いのは乗用車である。

イ　1970年代にカラーテレビの保有率は白黒テレビを上回った。

ウ　電気洗濯機は1965年の時点で保有率が90％をこえていた。

エ　1970年の時点でエアコンの保有率は電気冷蔵庫より高い。

[　]

(3) 1950年代の中ごろから1970年代にかけて，経済が成長して国民の生活は豊かになりました。このころのめざましい経済成長は何と呼ばれましたか。

[　]

(4) 次の説明にあてはまる国を，右の**地図**中の**ア〜ウ**からそれぞれ選び，記号で書きなさい。

I　1965年に日本との間で条約が結ばれ，国交が正常化した。

II　1972年に日本と国交を正常化し，のちに平和友好条約を結んだ。

III　日本との間に北方領土問題をかかえている。

地図

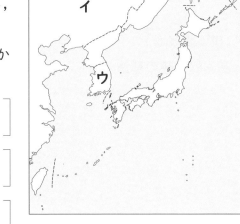

I [　]

II [　]

III [　]

29 日本国憲法の特色

\重要!/
➡P.98〜99の
問題も解いてみよう!

学習日　　月　　日

要点まとめ

解答▶別冊P.16

⭐ 日本国憲法の成立

(1) 日本国憲法は，1946(昭和21)年 ① 　月　　日 に公布され，1947(昭和22)

年 ② 　月　　日 に施行された。

(2) 憲法が公布された日は ③ 　　の日，施行された日は**憲法記念日**として，

どちらも国民の祝日に定められている。

(3) 日本のすべての ④ 　　やきまりは，憲法に基づいている。

(4) 日本国憲法を改正するには，国会の手続きを経たあとに，

⑤ 　　で過半数の賛成が必要である。

⭐ 日本国憲法の三つの原則

(5) **国民主権**

国の政治のあり方を最終的に決めるのは

⑥ 　　であり，選挙で自分たちの代表者

(国会議員など)を選ぶことで，政治に参加する。

(6) **基本的人権の尊重**

人が生まれながらにもっている，おかすことので

きない ⑦ 　　をたがいに尊重する。

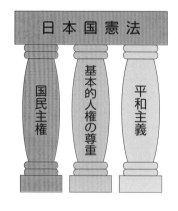

(7) **平和主義**

平和主義の考えは，日本国憲法第⑧[　]条に定められており，外国と

の争いごとがあっても，武力を用いる⑨[　]という手段で解決せず，そ

のための⑩[　]をもたないことを定めている。

日本には，国民の平和と安全を守る⑪[　]があり，災害時などに出動

する。

天皇の国事行為

(8) 国民に主権があると定める日本国憲法では，⑫[　]は，日本の国や国

民のまとまりの象徴としている。

(9) 天皇は政治に関する権限はもたず，⑬[　]の助言と承認に基づいて，

憲法で定められた仕事〔**国事行為**〕を行う。

＜天皇のおもな仕事＞

・**憲法改正**，法律，条約などを**公布**する。
・**国会**を**召集**する。
・**衆議院**を**解散**する。
・**内閣総理大臣**，**最高裁判所長官**を⑭[　]する。
・**勲章**などを**授与**する。
・**外国の大使**などに会う。

非核三原則

(10) かつて広島と長崎に原子爆弾が投下されたことから，日本は，平和主義の考えの

もと，⑮[　]を「もたない，⑯[　]，もちこませ

ない」という**非核三原則**を宣言している。

問題を解いてみよう！

解答・解説▶別冊P.16

1 日本国憲法の成立について，次の問題に答えなさい。

(1) 次の文のA～Dにあてはまることばを選び，○をつけなさい。

日本国憲法は，A〔　1945年　・　1946年　〕のB〔　5月3日
・　11月3日　〕に公布され，C〔　1946年　・　1947年　〕の
D〔　5月3日　・　11月3日　〕に施行された。

(2) 日本国憲法が公布された日と，施行された日は，現在，それぞれ何という祝
日になっていますか。

公布された日〔　　　　　　　　　　　　　　　〕

施行された日〔　　　　　　　　　　　　　　　〕

2 日本国憲法について，次の問題に答えなさい。

(1) 国民主権について述べた次の文のうち，正しいものに○，まちがっているも
のに×をつけなさい。

Ⅰ　国の政治を進める主権は国民にある。

Ⅱ　国民は，投票によって憲法を改正するかを決める権利がない。

Ⅲ　国民は，議員などを選挙で選ぶことで，政治に参加している。

Ⅰ〔　　　〕　Ⅱ〔　　　〕　Ⅲ〔　　　〕

(2) 日本国憲法では，天皇はどのように定められていますか。次から選び，記号
で書きなさい。

ア　選挙で選ばれた国民の代表者

イ　政治の権限をもつ元首

ウ　国や国民のまとまりの象徴

〔　　　　　　〕

(3) 日本国憲法で，天皇が行うこととして定められている仕事を何といいますか。

〔　　　　　　　　　　　　　　〕

(4) 天皇が行う仕事について述べた次の文のうち，**誤っているもの**を2つ選び，記号を書きなさい。

　　ア　法律の改正を決める。
　　イ　衆議院を解散する。
　　ウ　内閣総理大臣を指名する。
　　エ　勲章などを授与する。

[　　　]　[　　　]

(5) 次の文が表している日本国憲法の原則は何ですか。

> 人が生まれながらにしてもっている，おかすことのできない権利をたがいに尊重しなければならない。

[　　　　　　　]

(6) 右の**資料**は，日本国憲法の三つの原則のうち，どの原則について述べたものですか。

[　　　　　　　]

(7) 右の**資料**の　　　にあてはまることばを書きなさい。

[　　　　　　　]

資料

> **日本国憲法　第9条**
> 　日本国民は，正義と秩序に基づく国際平和を心から願って，戦争や武力を用いることは，国々の間の争いを解決する手段としては，永久にこれを放棄する。
> 　この目的を達するため，陸海空軍その他の　　　はもたない。国の交戦権は認めない。
>
> （一部要約）

(8) 日本には，国の安全を守ることを任務とし，災害時などに国民の救助などを行う組織があります。この組織の名前を書きなさい。

[　　　　　　　]

(9) 世界でただ一つの被爆国として日本がかかげている，核兵器を「もたない，つくらない，もちこませない」という方針を何といいますか。

[　　　　　　　]

30 国民の権利と義務

＼重要！／
➡P.102〜103の
問題も解いてみよう!

要点まとめ

解答▶別冊P.16

⭐ 基本的人権 <small>じんけん</small>

(1) すべての人が生まれながらにしてもつ ① 　　　　　　 かつ平等で，だれもが人間らしく暮らす権利(基本的人権)は，② 　　　　　　　　 の第11条で保障されている。

⭐ 国民の権利

(2) 憲法 <small>けんぽう</small> で定められているおもな権利

・個人の尊重，男女の ③ 　　　　　

・思想や学問の自由

・働く権利，教育を受ける権利

・働く人が ④ 　　　　　　 する権利

・⑤ 　　　　　　 に参加する権利〔**参政権**〕 <small>さんせいけん</small>

・裁判を受ける権利 <small>さいばん</small>

・**健康で文化的な最低限度の生活**を送る権利

選挙で投票ができる年齢 <small>ねんれい</small> は18才以上。選挙する権利を選挙権，立候補する権利を被選挙権 <small>ひせんきょけん</small> という。

⭐ 三つの義務

(3) 日本国憲法は，国民が果たさなければならない**三つの義務**を定めている。

・子どもに ⑥ 　　　　　 を受けさせる義務

・⑦ 　　　　　 義務

・⑧ 　　　　　 を納める義務

⭐ くらしの中にある基本的人権の尊重

(4) 障がいの有無や，年齢，国籍，男女の

⑨ [　　　　　] などにかかわらず，すべての人にとっ

て使いやすいように考えられたデザインを，

⑩ [　　　　　　　　　　　　　　] という。

車いすの人でも乗車しやす
いようにホームと乗降口の
段差が少ない。

(5) 障がいのある人や高齢者にとって，さまたげになるも

のを取り除くことを，

⑪ [　　　　　　　　　] という。

ここをしっかり! 人権の種類をおさえよう

● 中学では，より細かく人権について学ぶよ。人権の種類を整理しておこう。
● 参政権と請求権は，基本的人権を守るための権利だよ。

自由権	平等権	社会権	参政権	請求権
・思想の自由 ・学問の自由 ・信教の自由 ・表現の自由 　　　　など	・法の下の平等 ・男女の平等 　　　　など	・教育を受ける 　権利 ・労働者が団結 　する権利 ・健康で文化的 　な生活を営む 　権利 　　　　など	・選挙権 ・被選挙権 ・国民審査権 　　　　など	・裁判を受ける 　権利 　　　　など

**中学では
どうなる?**

● 産業の発達や情報化によって登場した，日本国憲法には定められて
いない「新しい権利」について学ぶよ。個人の私的な生活の情報を
保護する「プライバシーの権利」や，人間らしい生活環境を求める
「環境権」などがあるよ。
● 権利に関する法律や制度を学ぶよ。国などに情報を求める「知る権
利」を保障するための「情報公開制度」などがあるよ。

問題を解いてみよう！

解答・解説▶別冊 P.17

1 国民の権利について，次の**表**を見て，あとの問題に答えなさい。

表

権利	日本国憲法	内容
A	第14条	すべての国民は，法の下に平等で，性別などで差別されない。
自由権	第19条 第21条 第23条	B
社会権	第25条	すべての国民は，C で文化的な最低限度の D を営む権利がある。
勤労の権利	第27条 第28条	すべての国民は，仕事について働く権利がある。働く人が E 権利を保障する。
F	第15条 第44条	選挙する権利，選挙される権利がある。

(1) **表**中の**A**にあてはまることばを，漢字3字で書きなさい。

[　　　　　　　　　]

(2) 自由権について，**表**中の**B**に入る文を，次から選び，記号で書きなさい。

ア 消費税を納めるかどうかは，個人の自由である。
イ 裁判所において裁判を受ける権利をうばわれない。
ウ 思想や学問，言論や集会，表現の自由を保障する。
エ すべての国民は，法律の定めるところにより教育を受ける権利がある。

[　　　　　　　　　]

(3) 社会権について説明した**表**中の C D に入ることばは何ですか。

C [　　　　　　　] D [　　　　　　　]

(4) **表**中の**E**にあてはまる内容を，次から選び，記号で書きなさい。

　　ア　団結する　　　　　**イ**　税金を納める

　　ウ　政治に参加する　　**エ**　国会議員になる

[　　　　]

(5) **表**中の**F**にあてはまることばを，漢字3字で書きなさい。

[　　　　]

2　国民の義務について，次の問題に答えなさい。

(1) 国民の義務について述べた文のうち，正しいものを，次から選び，記号で書きなさい。

　　ア　自分たちが暮らす社会を支えるために，果たす必要がある。

　　イ　個人の考えを尊重し，果たすべきかを選ぶことができる。

　　ウ　いくつかある義務の中から，一つ果たすことができればよい。

[　　　　]

(2) 右の**資料1**中の[　　]に共通してあてはまることばを書きなさい。

[　　　　]

資料1

日本国憲法　第26条
②すべて国民は，法律の定めるところにより，その保護する子女に普通[　　]<small>ふつう</small>を受けさせる義務を負う。義務[　　]は，これを無償<small>むしょう</small>とする。

(3) 右の**資料2**のイラストが示す国民の義務にあてはまるものを，次の**ア〜ウ**から選び，記号で書きなさい。また，**ア〜ウ**のうち，国民の三つの義務に**あてはまらないもの**を1つ選び，記号で書きなさい。

　　ア　税金を納める義務

　　イ　政治に参加する義務

　　ウ　仕事について働く義務

資料2

資料2[　　　　]　あてはまらないもの[　　　　]

31 国会と内閣

要点まとめ ──── 解答▶別冊P.17

🌟 国会のはたらき

(1) 国会は，選挙で選ばれた ① [　　　　　] によって組織される，国の

政治の方向を決める機関で，② [　　　　] と ③ [　　　　] の二つの議院で

構成されている。

(2) 国会は，④ [　　　] や

予算などを**多数決**で決める。

<国会のおもな仕事>

・④を定める。

・国の**予算**を決める。

・裁判官をやめさせるかどうか決める。

・内閣が外国と結んだ条約を承認する。

・内閣の長である ⑤ [　　　　　　] を指名する。

・憲法を改正するかどうかを国民に提案する。

・内閣の不信任を決議する（衆議院のみ）。

衆議院と参議院のちがい

衆議院（465名）		参議院（248名）
小選挙区　289名 比例代表　176名	議員定数	選挙区　　148名 比例代表　100名
4年	任期	6年
25才以上	被選挙権	30才以上
ある	解散	ない

※2023年4月現在

🌟 選挙のしくみ

(3) 日本国憲法のもとでは，国会議員などを投票で選ぶ権利（**選挙権**）が，

⑥ [　　　] 才以上の国民に認められている。

(4) 国会議員に立候補することができるのは，衆議院は ⑦ [　　　] 才以上，参

議院は**30才以上**である。都道府県の代表である知事に立候補できる年齢も30才

以上と定められている。

🏛 内閣のはたらき

⑸ 国会で決められた法律などに基づいて，政治を実際に行うのが内閣である。

　　＜内閣のおもな仕事＞

　　・ ⑧ ［　　　　　　］案や法律案を ⑨ ［　　　　　　］に提出する。

　　・外国と条約を結ぶ。

　　・**衆議院の解散を決める。**

　　・最高裁判所の長官（ちょうかん）を指名する。

⑹ 内閣のもとには，さまざまな省や庁などが置かれ，仕事を分担して進めている。

　　・**財務省**（ざいむ）…………国の予算や財政に関する仕事を行う。

　　・**文部科学省**（もんぶかがく）……教育や文化，スポーツに関する仕事を行う。

　　・**国税庁**（こくぜい）…………国民から集めた ⑩ ［　　　　　　］を管理する。

内閣のおもな機関（2023年4月現在）

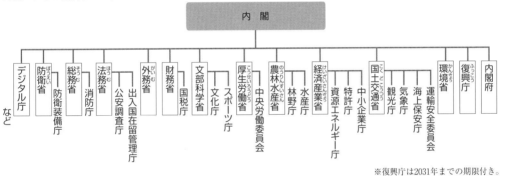

※復興庁は2031年までの期限付き。

⑺ 内閣の最高責任者である内閣総理大臣（そうりだいじん）〔首相〕が，専門的な仕事を担当する

　⑪ ［　　　　　　　　　　］を任命し，閣議（かくぎ）を開いて，政治の進め方を話し合う。

問題を解いてみよう！

解答・解説▶別冊 P.17

1 国会について，次の問題に答えなさい。

(1) 国会とはどのような機関ですか。次から選び，記号で書きなさい。

 ア 国の政治の方向を決める機関
 イ 天皇の仕事を助ける機関
 ウ 実際に政治を行う機関

[ ]

(2) 次の文中の ☐ にあてはまることばを書きなさい。

> 選挙で選ばれた ☐ が，国民の代表として国会の場で，国民の暮らし
> に関わるさまざまなことを話し合う。

[ ]

(3) 国会の仕事について述べた次の文の **A** と **B** にあてはまることばを選び，○を
つけなさい。

> 国会には，国の法律や予算を決めることや，内閣総理大臣を **A**〔　指名
> ・　任命　〕すること，**B**〔　憲法　・　外国との条約　〕の改正を国民
> に提案することなどの仕事がある。

(4) 右の**資料**中の ☐**X** にあ
てはまる議院の名前を書
きなさい。

[ ]

資料　2つ議院のちがい

衆議院(465名)		X (248名)
小選挙区　289名 比例代表　176名	議員定数	選挙区　148名 比例代表　100名
Y	任期	6年
25才以上	被選挙権	30才以上
ある	解散	ない

※2023年4月現在

(5) **資料**中の ☐**Y** にあてはまる，衆議院の任期を次から選び，記号で書きなさ
い。

 ア　3年　　**イ**　4年　　**ウ**　5年　　**エ**　6年

[ ]

2 選挙のしくみについて，次の問題に答えなさい。

(1) 選挙で投票する権利は，何才から認められていますか。

[　　　　　　　　 オ]

(2) 衆議院の議員に立候補できる年齢は何才以上ですか。次から選び，記号で書きなさい。

ア 20才 　　　**イ** 25才 　　　**ウ** 30才 　　　**エ** 35才

[　　　　　　　]

(3) 選挙について述べた文として，正しいものを，次から選び，記号で書きなさい。

ア 国民は内閣総理大臣を選挙で選ぶことができる。

イ 都道府県の長は選挙で選ぶことができない。

ウ 国民は衆議院・参議院ともに議員を選挙で選ぶことができる。

エ 国民は選挙で衆議院を解散するか決めることができる。

[　　　　　　　]

3 内閣のはたらきについて，次の問題に答えなさい。

(1) 内閣の仕事について述べた次の文のうち，正しいものに〇，まちがっているものに×をつけなさい。

Ⅰ 法律案を国会に提出する。

Ⅱ 内閣総理大臣を指名する。

Ⅲ 外国との条約を結ぶ。

Ⅰ [　　　] Ⅱ [　　　] Ⅲ [　　　]

(2) 内閣総理大臣から任命され，各省庁で専門的な仕事を担当する大臣を何といいますか。

[　　　　　　　]

(3) 教育や科学・文化などを担当する省を，右の**資料**中から選び，書きなさい。

[　　　　　　　]

資料 内閣のおもな機関

内 閣

防衛省／総務省／法務省／外務省／財務省／文部科学省／厚生労働省／農林水産省／経済産業省／国土交通省／環境省 など

32 裁判所と三権分立

＼重要！／
➡P.110〜111の
問題も解いてみよう！

要点まとめ ────────────────── 解答▶別冊 P.18

⭐ 裁判所のはたらき

(1) 裁判所では，憲法などに基づいて，人々の**争いごとを解決**し，**罪をおかした疑い**
がある人について，**有罪か無罪かを判断**する。最も上級の裁判所は，東京にある

　① [　　　　　　　　　　] である。

(2) 裁判所では，内閣が行う政治や，国会が定める ② [　　　　　　　] が**憲法に違反し**

ていないかの判断を行う。

(3) 裁判所の判決に納得できない場合は，さらに上
の裁判所にうったえることができる。

同じ事件について，③ [　　] 回まで裁判を受ける

ことができる。この制度を ④ [　　　　　　　] とい

う。

慎重に裁判を行い，できるだけ判
決のまちがいをなくすことが目的。

三審制のしくみ

```
            最高裁判所
          （東京に1か所）
               ↑
            高等裁判所
          （全国に8か所）
          ↑           ↑
   地方裁判所        家庭裁判所
 （全国に50か所）   （未成年の事件など）
      ↑                ↑
            簡易裁判所
          （罪の軽い事件など）
```

⭐ 国民が裁判に参加するしくみ

(4) 2009（平成21）年から，国民の視点を裁判に取り入れることや，国民の裁判への
関心を高めることを目的に，国民が裁判に参加する，

　⑤ [　　　　　　　　　　] が始まった。

(5) 裁判員は，選挙権をもっている ⑥ [　　　　　　] 才以上の国民の中から選ばれる。

(6) 重大な犯罪の裁判に参加し，うったえられた人が有罪か無罪か，有罪の場合はど

のような刑にするかを，⑦ [　　　　　　] とともに判断する。

権力の分散

(7) 国の重要な役割を，**国会，内閣，裁判所**が分担し，おたがいによく制し合って，一つの機関に権力が集中しないようにしているしくみを

⑧ [　　　　　　　　　] という。

(8) 国会は法律をつくったり，変えたりする ⑨ [　　　　　　　] をもち，内閣は法律に

基づいて実際の政治を行う ⑩ [　　　　　　　] をもち，裁判所は争いごとや犯罪を

憲法や法律に基づいて裁く ⑪ [　　　　　　　] をもっている。

権力を集中させないしくみ

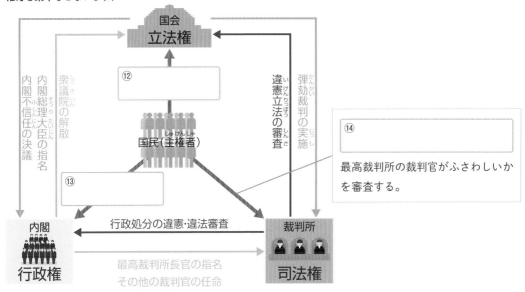

⑫ 国会 立法権

内閣不信任の決議
内閣総理大臣の指名
衆議院の解散

違憲立法の審査
弾劾裁判の実施

国民（主権者）

⑬

⑭ [　　　　　　　　]
最高裁判所の裁判官がふさわしいかを審査する。

内閣 行政権
行政処分の違憲・違法審査
最高裁判所長官の指名
その他の裁判官の任命
裁判所 司法権

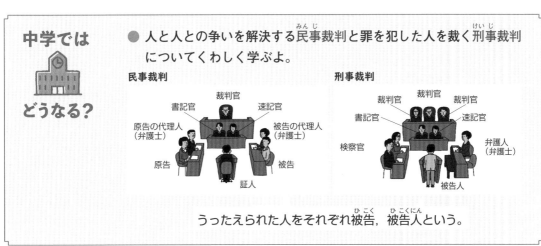

中学ではどうなる？

● 人と人との争いを解決する民事裁判と罪を犯した人を裁く刑事裁判についてくわしく学ぶよ。

民事裁判
裁判官
書記官　　速記官
原告の代理人（弁護士）　　被告の代理人（弁護士）
原告　　　　　　　被告
証人

刑事裁判
裁判官　裁判官　裁判官
書記官　　速記官
検察官　　　　　　弁護人（弁護士）
被告人

うったえられた人をそれぞれ被告，被告人という。

問題を解いてみよう！

解答・解説▶別冊 P.18

1 裁判所のはたらきについて，次の問題に答えなさい。

(1) 裁判所で行うことについて述べた次の文のうち，正しいものに〇，まちがっているものに✕をつけなさい。

Ⅰ　法律が憲法に違反していないかどうかの判断をする。

Ⅱ　憲法や法律に基づいて，争いごとや犯罪などを解決する。

Ⅲ　憲法改正の発議や新たな法律の制定を行う。

Ⅰ [　　　]　Ⅱ [　　　]　Ⅲ [　　　]

(2) 右の**資料**中の [　　　] にあてはまる裁判所の名前を書きなさい。

[　　　　　　　　　]

資料

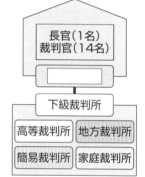

長官(1名)
裁判官(14名)

[　　　　　]

下級裁判所

高等裁判所　地方裁判所
簡易裁判所　家庭裁判所

(3) 裁判所の判決に納得できない場合，一つの事件について裁判を受けることができる回数は原則何回までですか。

[　　　] 回

(4) 国民が裁判に参加し，裁判官との話し合いなどによって，判決を行う制度を何といいますか。

[　　　　　　　　　]

(5) (4)の制度の目的として，正しいものを，次から選び，記号で書きなさい。

ア　判決に国民の視点を取り入れること。

イ　裁判官になりたい人を増やすこと。

ウ　裁判にかかるお金を節約すること。

エ　裁判を受ける権利を守ること。

[　　　]

2 三権分立（さんけんぶんりつ）について，次の**資料**を見て，あとの問題に答えなさい。

資料

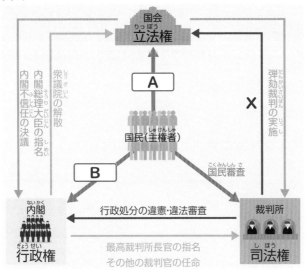

国会
立法権（りっぽう）

A

X

弾劾裁判（だんがいさいばん）の実施（じっし）

内閣（ないかく）不信任（ふしんにん）の決議（けつぎ）

内閣総理大臣（ないかくそうりだいじん）の指名（しめい）

衆議院（しゅうぎいん）の解散（かいさん）

国民（主権者（しゅけんしゃ））

B

国民審査（こくみんしんさ）

内閣（ないかく）
行政権（ぎょうせい）

行政処分の違憲・違法審査

最高裁判所長官の指名
その他の裁判官の任命

裁判所
司法権（しほう）

(1) **資料**中の**X**にあてはまる内容について述べた次の文中の ▭ にあてはまることばを書きなさい。

> 法律が ▭ に違反していないかを調べる。

[ ]

(2) **資料**中の A B に入ることばの組み合わせとして正しいものを，次から選び，記号で書きなさい。

ア A：世論（せろん） B：選挙 　**イ** A：裁判 B：選挙
ウ A：選挙 B：世論（よろん） 　**エ** A：選挙 B：裁判

[ ]

(3) **資料**中の国民審査について述べた文として正しいものを，次から選び，記号で書きなさい。

ア 最高裁判所の裁判官がふさわしいかどうかを国民が判断する。

イ 最高裁判所の仕事内容を国民が調査する。

ウ 国民が最高裁判所の長官としてふさわしい人物を選ぶ。

エ 最高裁判所が国民に法律を制定するかどうかの審査をしてもらう。

[ ]

33 地方自治

＼重要!／
➡P.114〜115の
問題も解いてみよう!

要点まとめ ──────────────────── 解答▶別冊P.18

⭐ 住民が行う政治

(1) 地域に住む住民が自分たちの意思で地域を運営していく政治のあり方を,

① ＿＿＿＿＿＿＿＿＿ という。

(2) 市の行政をになう機関は,

② ＿＿＿＿＿＿ である。公共施設など

をつくる場合,その計画案を立てたり,
どれくらいのお金がかかるかを調べ,

③ ＿＿＿＿＿＿ 案を作成したりする。

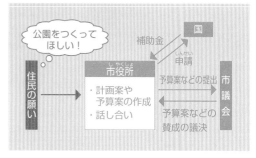

公共施設ができるまでの流れ

(3) 公共施設をつくったり,公共サービスを行ったりする費用にはおもに

④ ＿＿＿＿＿＿ が使われる。国に ⑤ ＿＿＿＿＿＿ を申請することもある。

(4) **市民の選挙**によって選ばれた議員で構

成される ⑥ ＿＿＿＿＿＿ は,提出され

た③案などを審査し,議決するかを話

し合う。

川口市の収入(約2078億円)の内訳

事業のために借りたお金
8.3%

住民や会社からの税金 45.9%	国などからの補助金 31.3%		その他 14.5%

(2019年度当初予算)　　　　　　　　　　　　(川口市資料)

市の収入の中には,借金もふくまれている。

中学では

どうなる?

● 地方自治体の独自のきまりである条例を定めるとき,市長をやめさせるときなどに必要な署名数などを学ぶよ。

直接請求権の例　※有権者が40万人未満の場合。

手続き	必要な署名
条例の制定	有権者の50分の1以上
市長の解職	有権者の3分の1以上
市議会の解散	有権者の3分の1以上

🌟 災害への対応

(5) 地震や津波などの災害が発生すると，**市町村**や**都道府県**は各機関と協力して，救援活動を行う。

災害発生時の取り組み

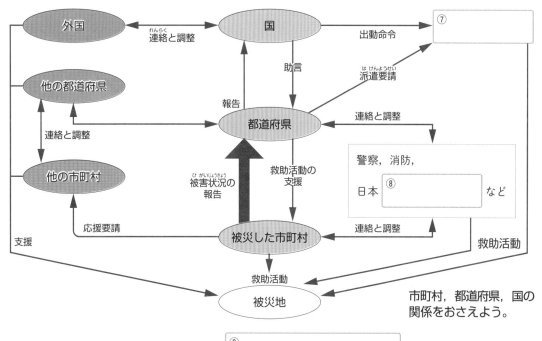

(6) 自発的に被災地で活動を行う，⑨ _____ も活やくする。

🌟 災害からの復旧・復興

(7) 国や都道府県が主体となって，水道や電気，ガスなど，生活に欠かせない

⑩ _____ を元通りにもどすことを，**復旧**という。

(8) 被災地が活気のある町になるように，企業を誘致したり，ブランド商品を開発したりする取り組みを，⑪ _____ という。

復旧・復興の取り組み

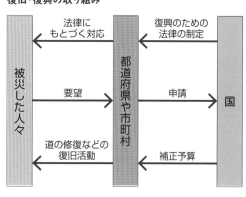

(9) ⑪を進めるために，国は特別な ⑫ _____ を制定したり，予算を立てたりする。

問題を解いてみよう！

解答・解説▶別冊 P.18

1 住民が行う政治について，次の問題に答えなさい。

(1) ある市で公共施設ができるまでの流れを表した，**図Ⅰ**中の ▢ A ▢ にあてはまる組織の名前を書きなさい。

図Ⅰ

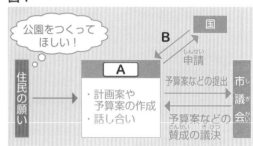

(2) **図Ⅰ**中の市議会について述べた次の文の**X**と**Y**にあてはまることばを選び，○をつけなさい。

> 市議会は**X**〔　市民の選挙　・　国会の指名　〕によって選ばれた議員で構成されており，市の独自のきまりである**Y**〔　条例　・　政令　〕を定めるかどうかの話し合いも行う。

(3) **図Ⅰ**中の**B**にあてはまる内容を，次から選び，記号で書きなさい。

　ア　補助金を出す。　　　**イ**　専門家を送る。

　ウ　業務の助言を行う。　　**エ**　計画案を議決する。

(4) **図2**は，ある市の予算を表しています。**図2**を読み取った次の文のうち，正しいものに○，まちがっているものに×をつけなさい。

図2
収入（約2078億円）の内訳

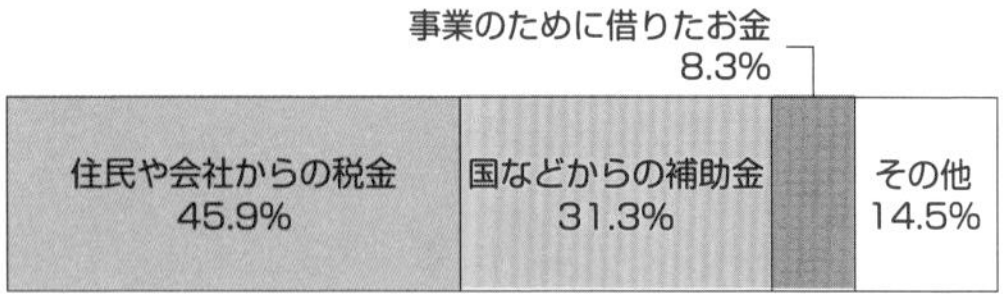

事業のために借りたお金
8.3%

| 住民や会社からの税金 45.9% | 国などからの補助金 31.3% | | その他 14.5% |

（2019年度当初予算）　　　　　　　　　　（川口市資料）

　Ⅰ　この市の収入で最も割合が大きいのは，税金である。

　Ⅱ　この市では国や県からの補助金は受け取っていない。

　Ⅲ　この市は約172億円のお金を借りている。

　　　　　Ⅰ〔　　　〕　Ⅱ〔　　　〕　Ⅲ〔　　　〕

2 大きな災害が発生したときの市町村などのはたらきについて次の**資料**をみて，あとの問題に答えなさい。

資料

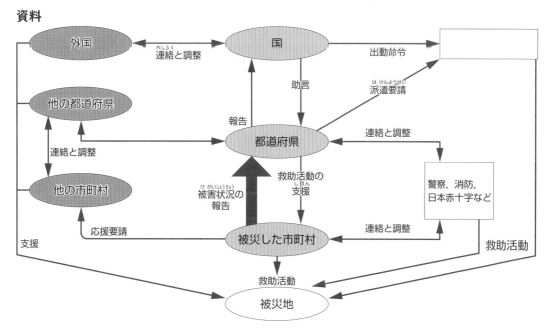

(1) **資料**中の［　　］にあてはまることばを書きなさい。

［　　　　　　　　　］

(2) 大きな災害が発生したときの市町村の動きについて述べた次の文のうち，正しいものに○，まちがっているものに×をつけなさい。

Ⅰ　他の都道府県に救援の要請を行う。

Ⅱ　他の市町村に応援要請を行う。

Ⅲ　国に被害の報告などを行う。

Ⅰ［　　　］　Ⅱ［　　　］　Ⅲ［　　　］

(3) 災害時などに，自発的に救援活動を行う人たちを何といいますか。

［　　　　　　　　　］

(4) 救援活動について述べた次の文の**A**と**B**にあてはまることばを**資料**中から選び，書きなさい。

外国への連絡や調整は［　**A**　］が行う。警察や消防は市町村だけでなく，［　**B**　］とも連絡をとりながら，活動を行う。

A［　　　　　　　　　］　B［　　　　　　　　　］

34 世界の国々1

要点まとめ ━━━━━━━━━━━━━━━━━━━ 解答▶別冊 P.19

⭐ アメリカ合衆国（がっしゅうこく）

(1) アメリカ合衆国の首都は，

①_____ で，言語

は ②_____ がおもに用いられている。さまざま

な人種や ③_____ が暮らし，異

なる文化が共存している。このような

社会を，**多文化社会**という。

(2) 毎年10月31日に行われる

④_____ などの習慣

がある。

(3) 広い国土をもつアメリカ合衆国では，大

型機械をつかった大規模な

⑤_____ が行われており，

生産された**小麦**や，**とうもろこし**

は，世界中に輸出されている。

(4) 日本とアメリカ合衆国の貿易はさか

んに行われており，日本からアメリ

カには機械類や ⑥_____ が

多く輸出されている。

アメリカ合衆国の国旗

赤と白の横線は独立時の
13州，星は現在の州数
（50州）を示す。

日本とアメリカ合衆国の貿易

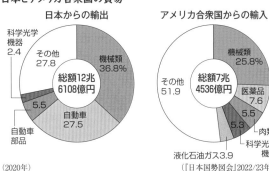

日本からの輸出

科学光学
機器
2.4
その他
27.8
機械類
36.8%
総額12兆
6108億円
5.5
自動車
27.5
自動車
部品
（2020年）

アメリカ合衆国からの輸入

機械類
25.8%
その他
51.9
総額7兆
4536億円
医薬品
7.6
5.5
5.3
肉類
科学光学
機器
液化石油ガス3.9
（『日本国勢図会』2022/23年版）

日本はアメリカ合衆国から機械類や
医薬品や肉類を輸入している。

中国

(5) 中国の正式な名前は，

⑦ 　　　　　　　　　　　　　　　　　で，首都は

⑧ 　　　　　　　　である。

人口は約14億4400万人（2021年）で，世界でもインドと並んで人口が多い国である。⑨ 　　　　　　民族が人口の約9割をしめている。

(6) 日本と中国は古くから交流があり，食事のときに飲むお茶や，文字を書くときに使う⑩ 　　　　　　は中国から伝わってきた。

(7) 中国は現在，日本にとって最大の貿易相手国で，わたしたちの身の回りには，中国製のものが多く見られる。

(8) 中国で行われている，伝統的な行事である⑪ 　　　　　　は，日本の正月にあたるもので，よい年になることを願ってお祝いをする。

中国の国旗

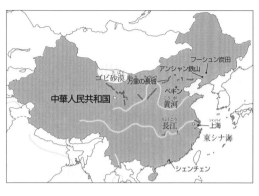

日本と中国の貿易

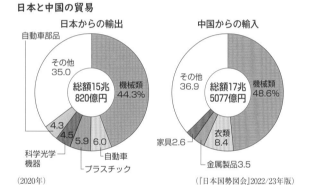

日本からの輸出
自動車部品
その他 35.0
機械類 44.3%
科学光学機器
4.3
プラスチック 4.5
自動車 5.9
6.0
総額15兆820億円
(2020年)

中国からの輸入
その他 36.9
機械類 48.6%
家具2.6
衣類 8.4
金属製品3.5
総額17兆5077億円
（『日本国勢図会』2022/23年版）

日本は中国から，機械類のほか衣類や家具などを輸入している。

中学ではどうなる？

● アメリカ合衆国では，その土地や気候に合った農業が行われていること〔適地適作〕を学ぶよ。

● 中国が経済を発展させるために行っている，外国の企業を優遇する経済特区や，人口増加をおさえるために行っていた一人っ子政策について学ぶよ。

35 世界の国々2

要点まとめ

解答▶別冊 P.19

韓国

(1) 韓国の正式な名前は，［①　　　　　］で，首都は

［②　　　　　］である。日本との距離が近く，仕事や観光な

どで多くの人が行き来する。

(2) 韓国の主食は，日本と同じ［③　　］である。

はしやスプーンを使って食事をする。伝統

的な韓国料理の一つに，白菜やとうがらし

などを使ってつくる［④　　　　　］があ

る。

(3) 韓国の人々には，［⑤　　　　　］の教えが

根付いており，親や年上の人を大切にあつかう。

韓国の国旗

サウジアラビア

(4) サウジアラビアは，中東に位置しており，首都は，

［⑥　　　　　］である。

(5) サウジアラビアでは，多くの人が

［⑦　　　　　　　　　　］教を信仰している。

⑦教徒は，一日に5回，聖地メッカに向かって

いのりをささげたり，一年におよそ1か月，断

食を行ったりする。

サウジアラビアの国旗

(6) サウジアラビアは，プラスチックの原料やエネルギー源として利用される ⑧ [　　　　　] の産出量が豊富である。資源の少ない日本は，サウジアラビアから，多くの⑧を輸入している。

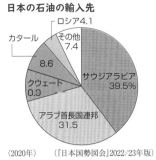

日本の石油の輸入先

カタール　ロシア4.1
その他 7.4
8.6
クウェート 0.9
サウジアラビア 39.5%
アラブ首長国連邦 31.5

日本はサウジアラビアをはじめ，中東諸国からの石油の輸入割合が大きい。

(2020年)　　(『日本国勢図会』2022/23年版)

🌟 ブラジル

(7) ブラジルは，六つの大陸のうち， ⑨ [　　　　　] 大陸に位置しており，首都はブラジリアである。ブラジルでは，おもに ⑩ [　　　　　] 語が話されている。

ブラジルの国旗

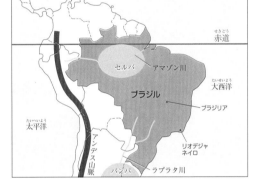

(8) ブラジルには，世界最大規模の流域をもつ ⑪ [　　　　　] 川が流れており，その流域には広大な**熱帯林**がある。

せきどう
赤道
セルバ　アマゾン川
たいせいよう
大西洋
ブラジル
ブラジリア
たいへいよう
太平洋
リオデジャネイロ
アンデス山脈
パンパ
ラプラタ川

(9) ブラジルでは，大豆やさとうきびのほか， ⑫ [　　　　　] などの生産がさかんである。

(10) ブラジルは，鉱産資源が豊富で，鉄の原料である ⑬ [　　　　　] や石炭，石油などが産出される。

ここをしっかり！ 世界の国を学ぶときここに注目

● 場所はどこか。
● 生産がさかんな鉱産資源や農産物は何か。
● 日本との貿易ではおもに何を輸出・輸入しているか。
● その国の特色は何か。(民族・宗教・文化など)

36 国際社会

要点まとめ

解答▶別冊P.19

⭐ 国際連合のはたらき

(1) 国際連合（国連）は，世界の ①[　　　　　　] と安全を守ることを目的に，1945年

に発足（ほっそく）した組織である。日本は1956年に加盟した。現在は ②[　　　　　] か

国が加盟している。（2023年4月現在）

(2) 世界で起こっている課題を解決するために，目的に応じた機関があり，全体に関

わることはすべての加盟国が参加する ③[　　　　　　] で話し合い，決められる。

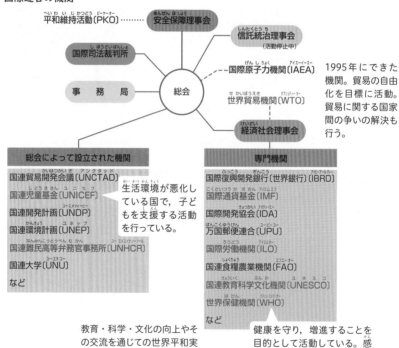

国際連合の機関

平和維持活動（PKO）……… 安全保障理事会
信託統治理事会（活動停止中）
国際司法裁判所
国際原子力機関（IAEA）
事務局　総会
世界貿易機関（WTO）
経済社会理事会

1995年にできた機関。貿易の自由化を目標に活動。貿易に関する国家間の争いの解決も行う。

総会によって設立された機関
国連貿易開発会議（UNCTAD）
国連児童基金（UNICEF）
国連開発計画（UNDP）
国連環境計画（UNEP）
国連難民高等弁務官事務所（UNHCR）
国連大学（UNU）
など

生活環境が悪化している国で，子どもを支援する活動を行っている。

専門機関
国際復興開発銀行（世界銀行）（IBRD）
国際通貨基金（IMF）
国際開発協会（IDA）
万国郵便連合（UPU）
国際労働機関（ILO）
国連食糧農業機関（FAO）
国連教育科学文化機関（UNESCO）
世界保健機関（WHO）
など

教育・科学・文化の向上やその交流を通じての世界平和実現を目的として活動している。

健康を守り，増進することを目的として活動している。感染症予防などの対策も行う。

(3) 国連の中の機関の一つである ④[　　　　　　] は，国際平和と安全を

維持することを目的としており，国連の中でも強い権限をもっている。

(4) 日本は，国連の一員として，世界各地の ⑤ _____ 〔PKO〕に

参加している。

(5) ⑥ _____ 〔国連児童基金〕は，紛争や食料不足などで困難な

状況にある子どもたちを守るための国連の中の組織である。

(6) ⑦ _____ 〔国連教育科学文化機関〕は，教育や科学，文化の

分野で国際平和につながる活動をしている。

(7) ⑧ _____ 〔非政府組織〕は，政府から独立して活動する民間組織である。

🏛 環境問題と持続可能な社会

(8) 世界では，地球の表面温度が上昇する ⑨ _____ や，**熱帯林**の

減少，**酸性雨**，**砂漠化**などの環境問題が見られる。

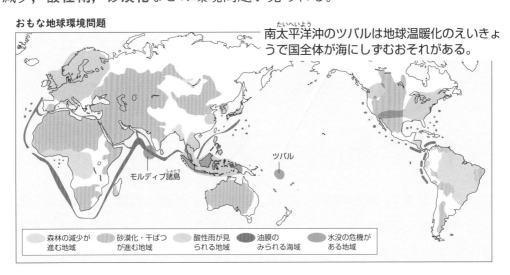

おもな地球環境問題

南太平洋沖のツバルは地球温暖化のえいきょうで国全体が海にしずむおそれがある。

モルディブ諸島　ツバル

| 森林の減少が進む地域 | 砂漠化・干ばつが進む地域 | 酸性雨が見られる地域 | 油膜のみられる海域 | 水没の危機がある地域 |

(9) 未来にわたって多くの人が豊かな生活を送るために，2015年に国連総会で

⑩ _____ 〔持続可能な開発目標〕が採択された。

(10) 日本は発展途上国に，資金や技術を提供する ⑪ _____ 〔**政府開発援助**〕

の一つとして ⑫ _____ の派遣を行っており，これらの活動を

通し，国際協力を行っている。

完成テスト
地理編

解答・解説▶別冊 P.20

1 次の問題に答えなさい。

[1つ10点×5]

(1) 右の**地図**中の**X**は日本の北のはしの島を示しています。この島を何といいますか。

[　　　　　　　　]

地図

(2) **地図**中の**Y**は，6つの大陸のうち，何という大陸ですか。

[　　　　　　　　]

(3) **地図**中の京都市には寺院が多くあります。寺院の地図記号として正しいものを次から選び，**ア〜エ**の記号で書きなさい。

　ア　　イ　　ウ　　エ　[　　　]

(4) 次の**グラフ**は，**地図**中の**A〜D**のいずれかの都市の気温と降水量を示しています。**A**と**D**のグラフとして，正しいものを次からそれぞれ選び，記号で書きなさい。

グラフ

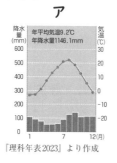　ア　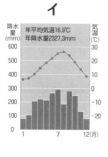　イ　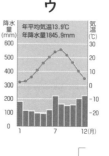　ウ　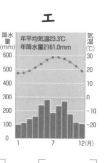　エ

『理科年表2023』より作成

A [　　　　]　　　D [　　　　]

2 次の問題に答えなさい。

［1つ10点×5］

(1) 右の**グラフ1**の**A～D**は，次の**ア～エ**のいずれかの県を示しています。**B**と**C**の県として，正しいものを次からそれぞれ選び，記号で書きなさい。

ア 新潟県　　**イ** 青森県
ウ 鹿児島県　**エ** 和歌山県

グラフ1　農畜産物の都道府県別生産割合，飼育頭数割合

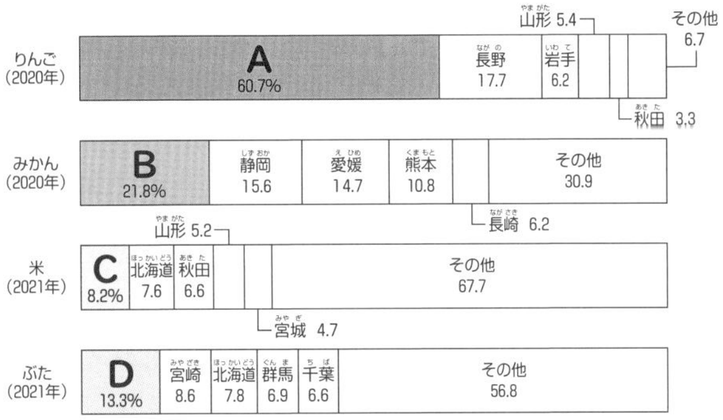

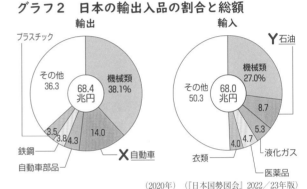

りんご（2020年）
| A 60.7% | 長野 17.7 | 岩手 6.2 | 山形 5.4 | 秋田 3.3 | その他 6.7 |

みかん（2020年）
| B 21.8% | 静岡 15.6 | 愛媛 14.7 | 熊本 10.8 | 長崎 6.2 | その他 30.9 |

米（2021年）
| C 8.2% | 北海道 7.6 | 秋田 6.6 | 山形 5.2 | 宮城 4.7 | その他 67.7 |

ぶた（2021年）
| D 13.3% | 宮崎 8.6 | 北海道 7.8 | 群馬 6.9 | 千葉 6.6 | その他 56.8 |

（『日本国勢図会』2022／23年版）

B [　　]　　**C** [　　]

(2) 右の**グラフ2**から読み取れることとして，正しいものを次から選び，記号で書きなさい。

ア 輸出額よりも輸入額の方が大きい。

イ 自動車と自動車部品の輸出額の合計は機械類の輸出額よりも大きい。

グラフ2　日本の輸出入品の割合と総額

輸出
| プラスチック | その他 36.3 | 機械類 38.1% | 自動車 14.0 | 自動車部品 4.3 | 鉄鋼 3.8 | 3.5 |

68.4兆円

輸入
| Y 石油 | 機械類 27.0% | 8.7 | 5.3 | 液化ガス 4.7 | 医薬品 4.0 | 衣類 | その他 50.3 |

68.0兆円

X 自動車

（2020年）（『日本国勢図会』2022／23年版）

ウ 液化ガスの輸入額は鉄鋼の輸出額より大きい。

エ 医薬品や衣類は日本の輸出割合が大きい上位5品目に入っている。

[　　]

(3) **グラフ2**中の下線部**X**について，自動車の生産がさかんに行われており，工業生産額が日本で最も大きい工業地帯の名前を書きなさい。

[　　]

(4) **グラフ2**中の下線部**Y**について，石油などの化石燃料を燃やし，二酸化炭素の排出量が増えることで，どのような環境問題が起こりますか，簡単に書きなさい。

[　　]

完成テスト
歴史編

解答・解説▶別冊 P.21

1 次の問題に答えなさい。　　　　　　　　　　　　　　　　　　　　[1つ10点×5]

(1) 右の**資料1**について述べた文として正しいものを，次から　　　**資料1**
選び，記号で書きなさい。

　ア　縄文時代に，食べ物をにたり，保存したりするために
　　つくられた。
　イ　弥生時代に，米などを貯蔵するためにつくられた。
　ウ　弥生時代に，祭りの道具としてつくられた。
　エ　古墳時代に，古墳のまわりに置かれた。

[　　　　　]

(2) 右の**資料2**は役人の心構えを示すため
に，飛鳥時代に出されたものです。**資
料2**中の[　　]にあてはまることば
を書きなさい。

資料2

　―　和を大切にして，人といさかいを
　　しないようにしなさい。
　―　[　　　]をあつく信じなさい。
　―　天皇の命令は必ず守りなさい。
　　　　　　　　　　　　　　（一部要約）

[　　　　　]

(3) **資料2**の決まりを定めた人物はだれですか。

[　　　　　　　　　]

(4) 右の**地図**中の**ア～エ**の府県のうち，次の**A**
の文と関係の深いものを選び，記号で書き
なさい。また，下の**A～D**を時代の古い順
に並べかえなさい。

地図

※府県境は現在のもの。

　A　安土城下で楽市・楽座が行われた。
　B　平清盛が日宋貿易のための港を整備し
　　た。
　C　足利義満が金閣を建てた。
　D　平城京が置かれた。

府県[　　　]　並べかえ[　　→　　→　　→　　]

2 右の**年表**を見て，あとの問題に答えなさい。　　　　　　　　　　［1つ10点×5］

(1) **年表**中の**P**の期間のできごととして，**誤っているもの**を次から選び，記号で書きなさい。

　ア　オランダとの貿易を長崎の出島に限定した。

　イ　葛飾北斎が富嶽三十六景をえがいた。

　ウ　豊臣秀吉が，一揆を防ぐために刀狩令を出した。

　エ　武家諸法度に参勤交代が追加された。

年表

年	できごと
1603	徳川家康が江戸幕府を開く
	↕ P
1867	徳川慶喜が政権を朝廷に返す
1868	明治政府が樹立される‥‥‥‥A
1881	自由党が結成される‥‥‥‥‥B
1885	内閣制度がつくられる
1894	日清戦争が起こる‥‥‥‥‥‥C
1911	関税自主権を回復する
1941	太平洋戦争が始まる
1945	日本が連合国軍に降伏する‥‥D

[　　　]

(2) **年表**中の**A**について，明治政府が行った次の政策を何といいますか。

> 藩を廃止し，かわりに府と県を置く。府と県には中央から役人を送る。

[　　　]

(3) **年表**中の**B**に関連して，自由党を設立した人物について述べた文を，次から選び，記号で書きなさい。

　ア　自由民権運動の中心であった。　　　イ　西南戦争を起こした。

　ウ　日露戦争でロシアの艦隊を破った。　エ　治外法権を廃止した。

[　　　]

(4) **年表**中の**C**の結果，日本が支配した場所を右の**地図**中の**ア**～**エ**から選び，記号で書きなさい。

[　　　]

地図

(5) **年表**中の**D**の後に行われた戦後改革で，選挙制度はどのように変化しましたか，簡単に書きなさい。

[　　　]

完成テスト
政治・国際編

1 次の**資料1**，**資料2**を見て，あとの問題に答えなさい。 [1つ10点×5]

資料1

A国民主権	国の政治のあり方を決めるのは国民である
基本的人権の尊重	人が生まれながらにもっている**B**権利を大切にする
平和主義	二度と戦争をしない

(1) **資料1**中の下線部**A**について，日本国憲法で「日本国と国民のまとまりの象徴」とされている人はだれですか。

(2) **資料1**中の下線部**B**について，次のうち，国民の権利にあてはまるものを**すべて**選び，記号で書きなさい。

ア 税金を納めること。 **イ** 子どもに教育を受けさせること。
ウ 選挙で投票すること。 **エ** 裁判を受けること。

(3) **資料2**中の裁判所について，| **X** |にあてはまる権限を何といいますか。

(4) **資料2**中の**A**～**D**のうち，「衆議院の解散」があてはまる矢印はどれですか，記号で書きなさい。

資料2

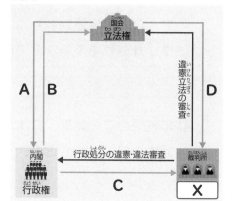

(5) 日本の政治を行う機関が，**資料2**のように3つに分けられている理由を，簡単に書きなさい。

2 世界の中の日本について，次の問題に答えなさい。 [1つ10点×5]

地図

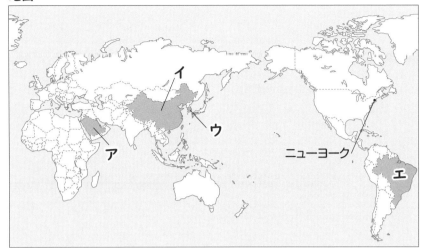

(1) 次の**A**，**B**の文にあてはまる国を，**地図**中の**ア〜エ**からそれぞれ選び，記号で書きなさい。

   A   石油資源が豊富にあり，日本はこの国から多くの石油を輸入している。

   B   漢民族が人口の約9割をしめており，春節を祝う習慣がある。

A [   ]   B [   ]

(2) **地図**中のニューヨークに本部がある，1945年に発足した，世界の平和と安全を守ることを目的とする組織の名前を書きなさい。

[   ]

(3) (2)の組織の機関の1つであるユニセフ〔UNICEF〕のおもな仕事として，あてはまるものを次から選び，記号で書きなさい。

   ア   紛争の予防や調停   **イ**   困難な状況にある子どもの支援

   ウ   貿易の自由化   **エ**   教育・科学・文化の向上

[   ]

(4) 2015年に(2)の組織の総会で採択された，持続可能な開発目標〔SDGs〕では，「貧困をなくそう」など，17の目標が示されました。これらの目標が定められた理由を，「未来」ということばを使って書きなさい。

[   ]

小学校の社会の
だいじなところが
しっかりわかる
ドリル 別冊 解答解説

旺文社

❶ 地図の読み取り

要点まとめ ────────── ▶本冊 P.8

①方位　②方位記号　③等高線

④ゆるやか　⑤急　⑥縮尺　⑦500

⑧田　⑨広葉樹林　⑩畑　⑪果樹園

⑫市役所　⑬小(・中)学校

⑭寺院　⑮図書館　⑯郵便局

⑰病院　⑱老人ホーム　⑲工場

問題を解いてみよう！　　　▶本冊 P.10

1 (1)方位磁針　(2)**あ**：西　**い**：南
　　(3)北　(4)縮尺
　　(5)Ⅰ○　Ⅱ×　Ⅲ○　(6)1

解説

(1)方位磁石，コンパスともいいます。方位
　磁針の針は，磁石でできており，色のつ
　いた針が北を指します。

(2)方位記号は，矢印の指す方向が北です。

(3)方位記号のない地図では，ふつう上が北
　になります。

(4)縮尺の表し方としては，「5万分の1」，
　「1：50000」などがあります。

(5)Ⅱ：等高線は海面からの高さが同じ地点
　を結んだ線で，間かくがせまいほど，か
　たむきは急になります。

(6)実際の距離は「縮尺の分母」×「地図上
　の長さ」で計算されます。この問題では，
　$25000 × 4 = 100000$〔cm〕＝1000
　〔m〕＝1〔km〕となります。

(大切) 単位に注意しましょう。

2 (1)**あ**：**カ**　**い**：**ア**　**う**：**ウ**　**え**：**イ**
　　(2)**ア，エ**
　　(3)Ⅰ×　Ⅱ×　Ⅲ×　Ⅳ○

解説

(1)広葉樹林の地図記号は〇，図書館の地図
　記号は⌷です。

(2)**イ・ウ**：地図記号では，建物の高さや土
　地の高低はわかりません。

(3)Ⅰ：西側に見られる〇は広葉樹林で，果
　物はさいばいされていません。果樹園の
　地図記号は⚬です。Ⅱ：交番（Ｘ）は見
　られませんが，警察署（⊗）はありま
　す。Ⅲ：郵便局（⊖）は5つあります。

❷ 日本の諸地域

要点まとめ ────────── ▶本冊 P.12

①47　②43　③北海道（ほっかいどう）　④東京都（とうきょう）

⑤愛知県（あいち）　⑥京都府（きょうと）　⑦大阪府（おおさか）

⑧香川県（かがわ）　⑨福岡県（ふくおか）　⑩沖縄県（おきなわ）

⑪所在地　⑫北海道　⑬東北（とうほく）　⑭関東（かんとう）

⑮中部（ちゅうぶ）　⑯近畿（きんき）　⑰中国・四国（ちゅうごく・しこく）　⑱九州（きゅうしゅう）

問題を解いてみよう！　　　▶本冊 P.14

1 (1)43　(2)**ウ**
　　(3)**A**：京都府　**B**：大阪府
　　(4)川　(5)（例）海に面していない。

解説

(1)日本は1都1道2府43県で構成されてい
　ます。

(2)東京都は関東地方に位置しています。

(3)2つの府とは，京都府と大阪府です。

(4)**C**は石川県，**D**は香川県で，いずれにも
　「川」という漢字がふくまれています。

(5)▨が示すのは，海に面していない内
　陸県です。

2 (1)**A**：近畿地方　**B**：九州地方
　　(2)**イ**　(3)Ⅰ○　Ⅱ×

(1)(2)日本は，北海道地方，東北地方，関東地方，中部地方，近畿地方，中国・四国地方，九州地方の７つの地方に大きく分けられます。

大切 ７つの地方のそれぞれの位置を白地図などに書きこんで理解しておきましょう。

(3)地図中に ▨ で示されているのは，山形(がた)県，神奈川(ながわ)県，富山(とやま)県，岡山(おかやま)県，山口(やまぐち)県，高知(こうち)県です。Ⅰ：神奈川県が関東地方にふくまれています。Ⅱ：神奈川県と高知県には，「山」という漢字はふくまれていません。

---

3 (1)A：オ B：ア C：イ
(2)Ⅰ：大津市(おおつ) Ⅱ：松山市(まつやま)

(1)Aの滋賀(しが)県には日本で最大の湖である琵琶湖(びわこ)があります。Bの愛媛(えひめ)県の北は瀬戸内海(せとないかい)で，多くの島が見られます。Cの千葉(ちば)県の南部は房総半島(ぼうそう)になっています。

(2)津市は三重(みえ)県，松江市(まつえ)は島根(しまね)県の県庁所在地です。

⓷ 世界の中の日本

要点まとめ ▶本冊 P.16

①北アメリカ ②ユーラシア ③太平洋(たいへいよう)
④大西洋(たいせいよう) ⑤南アメリカ ⑥アフリカ
⑦インド洋 ⑧南極(なんきょく) ⑨オーストラリア
⑩本初子午線(ほんしょしごせん) ⑪赤道(せきどう) ⑫領土(りょうど)
⑬排他的経済水域(はいたてきけいざいすいいき) ⑭択捉島(えとろふとう) ⑮南鳥島(みなみとりしま)
⑯沖ノ鳥島(おきのとりしま) ⑰与那国島(よなぐにじま)
⑱ロシア(連邦)(れんぽう)

問題を解いてみよう！ ▶本冊 P.18

---

1 (1)X：南アメリカ大陸 Y：大西洋
(2)イ (3)B (4)Ⅰ○ Ⅱ○ Ⅲ×
(5)A：経度(けいど) B：イギリス

(1)X：世界には，ユーラシア大陸，アフリカ大陸，北アメリカ大陸，南アメリカ大陸，オーストラリア大陸，南極大陸の６つの大陸があります。

Y：太平洋，大西洋，インド洋の３つの海洋を三大洋といいます。

大切 ６つの大陸と３つの海洋は位置をしっかりおさえておきましょう。

(2)赤道は０度の緯線(いせん)です。

(3)日本はおよそ北緯20度から46度の間に位置しています。

(4)Ⅲ：日本から見ると，オーストラリア大陸は真南にあります。

(5)本初子午線は，イギリスの首都ロンドンを通っています。

---

2 (1)X：ウ Y：エ
(2)ロシア(連邦)
(3)エ
(4)A：200 B：排他的経済水域

(1)アの与那国島は西のはし，イの南鳥島は東のはしの島です。

まちがえたら▶本冊 P.17

(2)択捉島をふくむ北方領土(ほっぽうりょうど)は日本固有の領土ですが，現在，ロシア連邦に占領されています。

(3)尖閣諸島(せんかくしょとう)は沖縄(おきなわ)県に属しています。

(4)排他的経済水域内の水産資源・鉱産資源を利用する権利は沿岸国にあります。

④ 日本の地形

要点まとめ ━━━━━━━ ▶本冊 P.20

① 平野　② 盆地　③ 山脈　④ 高原
⑤ 日本アルプス　⑥ 急　⑦ 信濃　⑧ 利根
⑨ 筑紫　⑩ 濃尾　⑪ 甲府　⑫ 関東
⑬ 石狩　⑭ 根釧　⑮ 中国　⑯ 木曽
⑰ 関東　⑱ 利根　⑲ 信濃　⑳ 奥羽

⑤ 日本の気候

要点まとめ ━━━━━━━ ▶本冊 P.22

① 梅雨　② 台風　③ 季節風〔モンスーン〕
④ 太平洋　⑤ 日本海　⑥ 冬　⑦ 低い
⑧ 少ない　⑨ 夏　⑩ 高い　⑪ 大きい

問題を解いてみよう！ ▶本冊 P.24

1 (1)梅雨
(2)**A**：８月〜１０月　**B**：九州地方
(3)季節風〔モンスーン〕　(4)**イ**
(5)**ウ**

解 説

(1)梅雨の時期，本州より南では雨の日が続きますが，北海道はほとんど梅雨のえいきょうを受けません。
(2)台風が上陸すると，洪水や土砂くずれがおこる場合もあります。
(3)(4)季節風は，季節によって決まった方向からふく風で，夏の季節風は太平洋から日本に向かって，冬の季節風はユーラシア大陸から日本海をわたってふいてきます。
(5)新潟では，冬に雪が多く降り，降水量は多くなります。

2 (1)**A**：ア　**B**：エ　**C**：ウ　**D**：イ
(2)中央高地
(3)**Ⅰ**：あ　**Ⅱ**：え　**Ⅲ**：い　**Ⅳ**：う

解 説

(1)アは日本海側，イは南西諸島，ウは太平洋側，エは中央高地の気候の説明です。
(2)中部地方の中央に位置する標高が高い地域は中央高地と呼ばれています。
(3)**Ⅰ**：冬の降水量が多いので，日本海側の気候に属する**あ**（富山）があてはまります。**Ⅱ**：１年中気温も高いので，南西諸島の気候に属する**え**（那覇）があてはまります。**Ⅲ**：夏の降水量が多いので，太平洋側の気候に属する**い**（静岡）があてはまります。**Ⅳ**：１年を通して降水量が少ないので，瀬戸内の気候に属する**う**（高松）があてはまります。

まちがえたら▶本冊 P.23

⑥ 米づくりのようす

要点まとめ ━━━━━━━ ▶本冊 P.26

① 田おこし　② トラクター　③ 代かき
④ 田植え　⑤ 稲かり　⑥ コンバイン
⑦ カントリーエレベーター
⑧ 東北　⑨ ＪＡ　⑩ 品種改良
⑪ 耕地整理〔区画整理，ほ場整備〕
⑫ 減反政策〔生産調整〕　⑬ 高齢

⑦ 水産業のようす

要点まとめ ━━━━━━━ ▶本冊 P.28

① 海流　② 大陸だな　③ 潮目〔潮境〕
④ 親潮　⑤ 黒潮　⑥ 銚子　⑦ 水産業
⑧ 沖合漁業　⑨ 養殖(漁業)
⑩ さいばい漁業　⑪ 輸入　⑫ 赤潮
⑬ せり

問題を解いてみよう！ ▶本冊 P.30

1 (1)寒流　(2)あ，う
(3)い：エ　う：イ

(4)**A**：北海道　**B**：銚子港

(5)大陸だな　(6)**ア**

解説

(1)寒流に対して，まわりの海水より温度の高い海流を暖流といいます。

(2)寒流は，日本列島の近海を北から南に向かって流れています。

(3)**あ**はリマン海流，**え**は日本海流〔黒潮〕です。

(4)都道府県別で漁業生産額が最も多いのは北海道です。漁港別では，銚子(千葉県)の水あげ量が最も多く，次いで釧路(北海道)，焼津(静岡県)の順になっています。

まちがえたら▶本冊 P.28

(5)大陸だなでは，光が海底までとどいて，魚のエサとなるプランクトンが豊富なため，魚が多く集まります。

(6)バターやチーズは乳牛からとれた生乳の加工品で畜産物にあてはまります。みそは大豆の加工品です。

---

2 (1)**Ⅰ** 沖合漁業　**Ⅱ** 遠洋漁業
　　Ⅲ 沿岸漁業　(2)**ウ**　(3)**ウ**

(4)（例）漁業で働く人の数が減り，高齢化が進んでいる。

解説

(1)**Ⅰ**の沖合漁業は数日かけて，**Ⅱ**の遠洋漁業は数か月から1年ぐらいかけて行います。

(2)**ア**：沖合漁業の生産量は1980年代後半から減少しています。**イ**：遠洋漁業の生産量が最も多いのは1970年代前半です。

(3)さいばい漁業は，いけすなどの中で，卵からある程度の大きさまで育ててから海や川に放ち，大きくなってからとる漁業です。ある程度の大きさまで育ててから放流することで，他の魚に食べられにくくなります。

（大切）さいばい漁業と養殖漁業のちがいをお

(4)**グラフ2**から漁業で働く人が減少し，若い人の割合が減っていることがわかります。

---

⑧ 日本の食料生産

要点まとめ ────────── ▶本冊 P.32

①りんご　②みかん　③山梨　④山形

⑤畜産　⑥北海道　⑦鹿児島　⑧酪農

⑨なす〔きゅうり〕　⑩東京(都)

⑪輸入　⑫米　⑬大豆　⑭地産地消

⑮トレーサビリティ

---

⑨ 日本の工業

要点まとめ ────────── ▶本冊 P.34

①原料〔材料〕　②重　③軽

④機械　⑤金属　⑥化学　⑦食料品

⑧せんい　⑨機械　⑩太平洋ベルト

⑪船　⑫工業地帯　⑬北九州　⑭阪神

⑮中京　⑯京浜

問題を解いてみよう！ ────── ▶本冊 P.36

1 (1)**イ**　(2)**A**：機械工業

　　B：金属工業　**C**：せんい工業

　　D：食料品工業

(3)**エ**　(4)軽工業

解説

(1)工業生産額は，1970年から1980年にかけて最も大きく増加しています。

(2)1960年ごろから機械工業が発達したため，重化学工業の割合が増加しました。また，安い海外の製品が輸入されたり，工場が海外に移転したりしたことで，せんい工業の割合は減少しました。

(3)**ア**はせんい工業，**イ**は機械工業，**ウ**は金

属工業の製品です。

(4)軽工業に対して重化学工業は，素材や機械をつくる工業で，機械工業，金属工業，化学工業があてはまります。

まちがえたら▶本冊 P.34

2 (1)あ：京浜工業地帯

い：中京工業地帯

う：阪神工業地帯

(2)え：ア　お：エ

(3)A：い　B：自動車

(4)太平洋ベルト　(5)ウ　(6)ウ

解説

(1)あの東京都から神奈川県に広がる工業地帯は京浜工業地帯，いの愛知県や三重県北部に広がる工業地帯は中京工業地帯，うの大阪府から兵庫県南部に広がる工業地帯は阪神工業地帯です。

(2)えの静岡県南部に広がる工業地域は東海工業地域，おの瀬戸内海沿岸に広がる工業地域は瀬戸内工業地域です。
関東内陸工業地域は埼玉県，栃木県，群馬県，京葉工業地域は東京湾の千葉県側の埋立地に広がる工業地域です。

まちがえたら▶本冊 P.35

(3)中京工業地帯の生産額の40％以上を，自動車などの輸送用機械がしめています。

(4)関東から北九州にかけて，帯（ベルト）のように連なる工業地帯・工業地域のことを太平洋ベルトといいます。

(5)太平洋ベルトの工業生産額は，日本全体の工業生産額の半分以上をしめています。

(6)太平洋ベルトにふくまれる工業地帯・地域は，船での輸出入に便利な臨海部で発達しました。

🔟 自動車の生産

要点まとめ ────────▶本冊 P.38

①プレス　②溶接　③とそう

④組み立て　⑤検査　⑥3

⑦関連工場　⑧中京　⑨豊田

⑩ガソリン　⑪二酸化炭素　⑫電気

⑬ハイブリッド自動車　⑭酸素

⑮燃料電池自動車

🔟🔟 工業生産と貿易

要点まとめ ────────▶本冊 P.40

①大工場　②中小工場　③伝統　④北陸

⑤加工貿易　⑥中国〔中華人民共和国〕

⑦機械類　⑧石油〔原油〕　⑨石炭

⑩鉄鉱石　⑪貿易まさつ

問題を解いてみよう！　　　▶本冊 P.42

1 (1) A：イ　B：ウ　C：ア

(2) Ⅰ○　Ⅱ○　Ⅲ○　Ⅳ×

(3)（例）雪で農作業ができなかった

解説

(1)中小工場が99％をしめるCは工場数，中小工場が7割近くをしめるAは働く人の数です。残ったBが生産額です。

(2)Ⅳ：中小工場は，他の中小工場と協力して工程を分担して製品をつくる場合もあります。

(3)東北地方や北陸地方など，冬の間雪で農作業ができない地域の副業として伝統工業がさかんになりました。

2 (1) 中国　(2)イ，ウ

(3) A：イ　B：エ

(4) サウジアラビア

解 説

(1)日本にとって最大の貿易相手国は，中国です。日本から中国へのおもな輸出品には，機械類や自動車があります。中国からの輸入品には，機械類，衣類，金属製品，家具などがあります。

(2)**地図**中で，日本にとって輸出額より輸入額の方が多い国は中国とオーストラリアです。また，日本に石油を輸出しているサウジアラビアやアラブ首長国連邦などもこれにあてはまります。

(3)日本の輸出は，かつてはせんい工業の製品が中心でしたが，近年は外国でつくられる安価な外国の製品が多く輸入されています。2018年には，機械類や自動車など，重工業の製品が中心となっています。

(4)日本はサウジアラビアやアラブ首長国連邦など，おもに中東の国から石油を輸入しています。

🄬 情報化する社会と産業

要点まとめ ▶本冊 P.44

①マスメディア　②テレビ
③新聞〔雑誌〕　④ラジオ
⑤インターネット　⑥パソコン
⑦メール　⑧ＳＮＳ　⑨スマートフォン
⑩ＩＣＴ　⑪クレジット　⑫ＡＩ
⑬個人情報　⑭リテラシー

🄭 自然災害と林業

要点まとめ ▶本冊 P.46

①火山　②津波　③台風　④高潮
⑤洪水　⑥土石流〔土砂くずれ〕
⑦ハザードマップ　⑧３（分の）２
⑨天然林　⑩人工林　⑪空気〔大気〕

⑫林業　⑬下草がり　⑭枝打ち
⑮間ばつ

🄮 公害と環境問題

要点まとめ ▶本冊 P.48

①大気汚染　②水質　③イタイイタイ病
④水俣病　⑤四日市ぜんそく
⑥公害対策基本法　⑦環境省
⑧環境基本法　⑨地球温暖化
⑩温室効果ガス　⑪京都議定書
⑫砂漠化　⑬熱帯林〔熱帯雨林〕
⑭酸性雨

7

❷章 歴史

⑮ むらからくにへ

要点まとめ ━━━━━━━━ ▶本冊 P.50

①縄文土器 ②たて穴住居 ③貝塚
④三内丸山遺跡 ⑤弥生土器 ⑥石包丁
⑦吉野ヶ里遺跡 ⑧鉄器 ⑨王
⑩前方後円墳 ⑪大仙古墳 ⑫はにわ
⑬大和朝廷〔大和政権，ヤマト王権〕
⑭大王 ⑮渡来人 ⑯ワカタケル

⑯ 天皇と国づくり

要点まとめ ━━━━━━━━ ▶本冊 P.52

①聖徳太子〔厩戸王〕 ②十七条の憲法
③冠位十二階 ④小野妹子 ⑤法隆寺
⑥中大兄皇子 ⑦大化の改新 ⑧天皇
⑨（大宝）律令 ⑩九州 ⑪調 ⑫庸
⑬租 ⑭平城京 ⑮聖武天皇 ⑯東大寺
⑰行基 ⑱鑑真

⑰ 貴族の文化

要点まとめ ━━━━━━━━ ▶本冊 P.54

①平安京 ②中臣〔藤原〕鎌足
③藤原道長 ④寝殿造 ⑤束帯
⑥十二単 ⑦年中行事
⑧国風文化〔日本風の文化〕
⑨かな〔仮名〕 ⑩源氏物語 ⑪枕草子
⑫和歌 ⑬大和絵

⑱ 武士の登場

要点まとめ ━━━━━━━━ ▶本冊 P.56

①武士 ②源氏 ③平氏 ④平清盛
⑤源頼朝 ⑥壇ノ浦（の戦い） ⑦地頭
⑧征夷大将軍 ⑨御家人 ⑩執権

⑪北条政子 ⑫御成敗式目 ⑬元
⑭九州 ⑮元寇 ⑯北条時宗

問題を解いてみよう！ ▶本冊 P.58

1 (1)ウ (2)A：天皇 B：宋

解説

(1)太政大臣は，朝廷で天皇につぐ高い地位
です。これまでは貴族がこの地位につい
ていました。

(2)A：平清盛は藤原氏と同じように，自分
のむすめを天皇のきさきにし，生まれた
子を次の天皇に立てて朝廷で政治の権力
をにぎりました。B：平清盛は，現在の
神戸に日宋貿易を行うための港を整備し
ました。

2 (1)平治の乱 (2)ウ (3)源義経
(4)B (5)守護

解説

(1)源頼朝は，平治の乱に敗れて伊豆に流さ
れました。

(2)(3)源義経は源氏と平氏の戦いで活やくし
ました。源氏は，一ノ谷の戦い（兵庫県），
屋島の戦い（香川県）に勝利し，壇ノ浦の
戦い（山口県）で平氏をほろぼしました。

(4)源頼朝は鎌倉に幕府を開きました。鎌倉
は，山と海にかこまれ，大軍が一度にせ
めにくい地形になっています。

(5)国ごとに守護，荘園ごとに地頭が置かれ
ました。

3 (1)奉公：B ご恩の内容：Y (2)イ
(3)承久の乱

解説

(1)将軍から御家人にあたえるものが「ご恩」
で，御家人が将軍のために行うのが「奉
公」です。

8

⑩「ご恩」と「奉公」の内容をおさえて
　おきましょう。

(2)執権には代々北条氏がつきました。執権
　は将軍を助け，政治を行う役職です。

(3)朝廷(後鳥羽上皇)が幕府をたおそうとし
　て兵をあげたできごとを承久の乱といい
　ます。頼朝の妻であった北条政子は，頼
　朝のご恩を説き，御家人に団結するよう
　にうったえました。

4 (1)北条時宗　(2)Ⅰ×　Ⅱ×　Ⅲ○

解説

(1)8代執権の北条時宗のもと，御家人は恩
　賞を得るために，元軍と激しく戦いまし
　た。暴風雨が発生したこともあり，元軍
　は大陸に引きあげました。

(2)Ⅰ：元軍との戦いは，国を守るための戦
　いだったので，幕府は活やくした御家人
　に領地をあたえることができず，御家人
　の不満が高まりました。Ⅱ：鎌倉時代，
　幕府は正式な形で中国と貿易は行ってお
　らず，民間で貿易が行われていました。

⑲ 室町幕府と文化

要点まとめ ▶本冊 P.60

①室町幕府　②足利義満　③明
④足利義政　⑤金閣　⑥銀閣　⑦書院造
⑧雪舟　⑨生け花　⑩茶の湯　⑪石庭
⑫能　⑬狂言　⑭御伽草子

⑳ 天下統一のうごき

要点まとめ ▶本冊 P.62

①鉄砲　②(フランシスコ・)ザビエル
③南蛮貿易　④織田信長　⑤長篠
⑥安土城　⑦楽市・楽座　⑧本能寺

問題を解いてみよう！ ▶本冊 P.64

1 (1)種子島：イ　堺：ウ
　(2)イ　(3)A：長篠　B：武田氏
　(4)キリスト教　(5)Ⅰ○　Ⅱ×　Ⅲ○
　(6)戦国大名

解説

(1)種子島は現在の鹿児島県に位置する島で
　す。アは屋久島を指しています。堺とエ
　の国友(滋賀県)では，鉄砲の生産がさ
　んでした。

まちがえたら▶本冊 P.62

(2)鉄砲はポルトガル人によって日本に伝え
　られました。

(3)織田信長は大量の鉄砲を用いて，武田氏
　を長篠の戦いで破りました。

(4)ザビエルは鹿児島に上陸し，西日本を中
　心にキリスト教を広めました。

(5)南蛮貿易では，日本は鉄砲や生糸を輸入
　して，銀などを輸出しました。

(6)戦国大名には武田氏や今川氏などがふく
　まれます。

2 (1)ウ
　(2)(例)商業や工業をさかんにする
　(3)明智光秀

解説

(1)織田信長は1573年に足利義昭を京都か
　ら追放しました。

(2)織田信長は，安土城下で，税や座をなく
　すことによって，だれもが自由に商売が
　できるようにし，商業や工業の発達を目
　指しました。

(3)織田信長は，家臣である明智光秀にせめ
　られて，京都の本能寺で自害しました。

3 (1)刀狩令（かたながりれい）　(2)一揆（いっき）　(3)**ア**

▶本冊 P.66

解説

(1)(2)刀狩により，百姓（ひゃくしょう）から武器を取り上げ，一揆をふせごうとしました。

(3)田畑の広さや耕作者を調べる検地と刀狩によって武士と百姓の区別をはっきりさせ，武士による支配が強化されました。

大切 織田信長と豊臣秀吉の政策を整理しておきましょう。

---

21 江戸幕府の政治

要点まとめ　　　　　　　　▶本冊 P.66

①徳川家康（とくがわいえやす）　②江戸（えど）　③譜代（大名）（ふだいだいみょう）
④外様（大名）（とざま）　⑤親藩（しんぱん）　⑥参勤交代（さんきんこうたい）
⑦武士（ごにんぐみ）　⑧五人組　⑨朱印状（しゅいんじょう）
⑩キリスト教　⑪鎖国（さこく）　⑫出島（でじま）
⑬絵踏み（えふ）　⑭蝦夷地（えぞち）　⑮朝鮮（ちょうせん）
⑯琉球王国（りゅうきゅうおうこく）

問題を解いてみよう！　　　▶本冊 P.68

1 (1)関ヶ原の戦い（せきがはら）　(2)外様（大名）
(3)武家諸法度（ぶけしょはっと）　(4)徳川家光（いえみつ）
(5)Ⅰ×　　Ⅱ○　　Ⅲ×　(6)**イ**

解説

(1)関ヶ原の戦いは，現在の岐阜県（ぎふ）で起こりました。

(2)外様は，関ヶ原の戦いのころに徳川家に従った大名で，江戸から遠いところに配置されました。一方，親藩や譜代は江戸の近くや重要な都市の近くに配置されました。

大切 外様，譜代，親藩が置かれた場所を地図で確認しておきましょう。

(3)(4)武家諸法度は江戸幕府（ばくふ）が大名を統制するために定めたもので，これにそむいた大名は，きびしくばっせられました。また，徳川家光は武家諸法度に参勤交代の

項目（こうもく）を追加しました。

(5)Ⅰ：大名は１年おきに江戸と領地に住みました。Ⅲ：参勤交代にかかる費用や江戸での滞在費（たいざい）は大名が負担しました。

(6)江戸時代，人口のほとんどは，年貢（ねんぐ）となる米などを生産して人々の生活を支える百姓（ひゃくしょう）でした。

---

2 (1)朱印船貿易（しゅいんせん）　(2)日本町（にほんまち）
(3)**A**：九州（きゅうしゅう）　**B**：島原・天草一揆（しまばら・あまくさいっき）
(4)**ア，オ**
(5)（例）キリスト教を布教しなかったため。
(6)**C**：松前藩（まつまえはん）　**D**：薩摩藩（さつま）
(7)踏絵（ふみえ）　(8)**イ**

解説

(1)(2)朱印船貿易の発展にともなって，日本人が居住する日本町が，タイやフィリピンなどにつくられました。

(3)島原・天草一揆は，キリスト教の弾圧（だんあつ）と重い年貢に苦しんだ人々が，天草四郎（しろう）〔益田時貞（ますだときさだ）〕を中心に起こした一揆です。

(4)長崎（ながさき）の出島（でじま）でオランダと，唐人屋敷（とうじんやしき）で中（ちゅう）国と貿易が行われました。

(5)オランダと中国は，キリスト教を広めるおそれがなかったため，貿易が許されました。

(6)松前藩は蝦夷地（北海道）（ほっかいどう）に住むアイヌの人たちと交易を行いました。また，琉球王国は江戸時代の初めに薩摩藩に支配されましたが，異国として位置づけられました。また，対馬藩（つしま）は，幕府の許可を得て朝鮮との貿易（どくせん）を独占しました。

まちがえたら▶本冊 P.67

大切 日本とオランダ，中国，琉球，朝鮮，アイヌとの関係を確認しておきましょう。

(7)(8)絵踏み（えふ）で用いられた絵を，踏絵といいます。踏絵にはキリストやマリア像がえ

がかれ，絵踏みはキリスト教の信者かどうかを見分けるために，役人の前でキリストや聖母マリアの像を踏ませました。

22 江戸時代の文化1

要点まとめ　　　　　　　　▶本冊 P.70

①江戸　②平安　③台所　④将軍
⑤歌舞伎　⑥近松門左衛門　⑦浮世絵
⑧葛飾北斎　⑨歌川〔安藤〕広重
⑩東洲斎写楽　⑪ヨーロッパ

問題を解いてみよう！　　　　　▶本冊 P.72

1 (1)A：イ　B：ウ　C：ア
(2)Ⅰ○　Ⅱ○　Ⅲ×　(3)歌舞伎
(4)ウ

解説

(1)Aは江戸，Bは京都，Cは大阪です。
(2)Ⅲ：経済の中心であったのは大阪です。
(3)(4)歌舞伎は，17世紀初めに，出雲の阿国が始めたかぶき踊りから発達した演劇で，武士や町人の間で流行しました。

2 (1)A：ウ　B：イ　C：ア
(2)東海道五十三次　(3)浮世絵
(4)Ⅰ×　Ⅱ○　Ⅲ×　(5)ヨーロッパ
(6)A：近松門左衛門
　　B：『曽根崎心中』

解説

(1)(2)Aは歌川〔安藤〕広重の作品で，東海道にある53の宿場町をえがいた「東海道五十三次」です。Bは葛飾北斎の作品で，富士山をえがいた「富嶽三十六景」です。Cは東洲斎写楽のえがいた役者絵です。
(3)風景や役者，庶民の生活などが浮世絵の題材となりました。

(4)Ⅰ：室町時代のすみ絵〔水墨画〕の説明です。Ⅲ：浮世絵は安価だったため，町人などの間で広まりました。
(5)ゴッホやマネなど，ヨーロッパの画家には，浮世絵を収集したり，作品に浮世絵の技法を取り入れたりするものもいました。
(6)近松門左衛門は当時実際に起こった事件などを題材として人形浄瑠璃や歌舞伎の脚本を書きました。

23 江戸時代の文化2

要点まとめ　　　　　　　　▶本冊 P.74

①蘭学　②杉田玄白　③オランダ
④解体新書　⑤蘭学事始　⑥伊能忠敬
⑦地図　⑧本居宣長　⑨古事記伝
⑩仏教　⑪国学　⑫寺子屋　⑬そろばん
⑭藩校　⑮ききん　⑯百姓一揆
⑰打ちこわし　⑱大塩平八郎

24 明治維新

要点まとめ　　　　　　　　▶本冊 P.76

①ペリー　②日米和親条約
③日米修好通商条約　④西郷隆盛
⑤長州　⑥徳川慶喜　⑦明治
⑧明治維新　⑨大名〔藩主〕　⑩県
⑪平民　⑫富国強兵　⑬官営（模範）工場
⑭徴兵令　⑮3　⑯6　⑰文明開化
⑱福沢諭吉

問題を解いてみよう！　　　　　▶本冊 P.78

1 (1)ペリー　(2)あ，う
(3)日米修好通商条約
(4)Ⅰ：エ　Ⅱ：ア　Ⅲ：ウ
(5)徳川慶喜　(6)五箇条の御誓文

解説

(1)アメリカは日本を開国させ，貿易や捕鯨の寄港地にしようと考え，ペリーを日本に送りました。

(2)1854年に結んだ条約は日米和親条約です。これに基づき，**あ**の函館(北海道)と**う**の下田(静岡県)の２港が開かれました。

(3)日米修好通商条約では，神戸や長崎など５港で貿易を行うことが決まりました。

(4)**イ**の大久保利通は，薩摩藩出身で新政府の中心となった人物です。

(5)徳川慶喜が朝廷に政権を返したことで，江戸幕府が滅亡しました。

(6)五箇条の御誓文は，明治天皇が神に誓うという形で発表されました。

---

2 (1)Ⅰ：**ウ**　Ⅱ：**イ**　Ⅲ：**ア**

(2)**A**：20才　**B**：3

(3)（例）政府の収入を安定させるため。

(4)平民　(5)Ⅰ×　Ⅱ×　Ⅲ○　Ⅳ○

解説

(1)Ⅲ：官営工場の１つに，群馬県の富岡製糸場があります。

(2)富国強兵を目指すために，新政府は徴兵令を出して，兵役を義務としました。

(3)一定額を米ではなく，現金で納めさせることで，国の収入を安定させました。

(4)平民は江戸時代に百姓や町人などの身分であった人々で，人口のうち最も大きな割合をしめました。

(5)Ⅰ：寺子屋は江戸時代に庶民の子どもが学んだ教育機関です。Ⅱ：明治時代の初めには西洋の制度や文化を取り入れる文明開化の風潮が高まりました。

---

25 日本の近代化

要点まとめ　　　▶本冊 P.80

①西南戦争　②自由民権運動　③自由党

---

④大隈重信　⑤伊藤博文　⑥ドイツ

⑦大日本帝国憲法　⑧天皇　⑨衆議院

⑩25　⑪領事裁判権〔治外法権〕

⑫関税自主権　⑬ノルマントン号事件

⑭陸奥宗光　⑮小村寿太郎

問題を解いてみよう！　　▶本冊 P.82

1 (1)**A**：士族　**B**：西郷隆盛

(2)Ⅰ：**ウ**　Ⅱ：**ア**

(3)大日本帝国憲法〔明治憲法〕

(4)（例）君主〔皇帝〕の権限が強いから。

(5)Ⅰ○　Ⅱ○　Ⅲ×

(6)**A**：貴族院　**B**：25

解説

(1)士族は武士の特権を失ったことから，政府に不満をもっていました。

(2)1881年に板垣退助が自由党を，1882年に大隈重信が立憲改進党を設立しました。

(3)大日本帝国憲法は，天皇を国の元首と定めていました。

(4)ドイツの憲法は君主(皇帝)の権限が強かったため，天皇を中心とする日本の憲法の手本となりました。

(5)Ⅲ：軍隊を統率するのは天皇でした。

(6)帝国議会は衆議院と貴族院で構成されており，国民は衆議院議員を選挙で選ぶことができました。選挙権は一定の税金を納めた25才以上の男子にのみ認められており，当初の有権者は人口全体の約１％程度でした。

---

2 (1)日米修好通商条約　(2)**エ**

(3)**A**：イギリス　**B**：軽かった

(4)**ア**　(5)**ア→エ→イ→ウ**

解説

(1)(2)日本は，1858年に結ばれた日米修好通商条約で，国内で外国人が犯罪をおかし

たとき，外国の領事によって外国の法律で裁判を行うことができる権利（領事裁判権）を認めました。また，外国からの輸入品に対して自由に税金をかける権利（関税自主権）がありませんでした。

（大切）不平等条約の内容を理解しておきましょう。

(3)ノルマントン号事件をきっかけに，領事裁判権のてっぱいを求める声が強くなりました。

(4)関税自主権がないと，外国の安い製品が日本に入ってくるため，日本の産業が衰退します。

(5)アは1877年，イは1894年，ウは1911年，エは1885年のできごとです。

26 世界への進出

要点まとめ　　　　　　　　　▶本冊 P.84

①朝鮮　②日清戦争　③台湾　④ロシア
⑤日露戦争　⑥与謝野晶子　⑦韓国
⑧繊維〔軽〕　⑨八幡製鉄所　⑩足尾銅山
⑪北里柴三郎　⑫黄熱(病)
⑬平塚らいてう　⑭全国水平社
⑮普通選挙(法)

問題を解いてみよう！　　　　　▶本冊 P.86

1 (1)日清戦争　(2)い　(3)ウ
(4)東郷平八郎　(5)与謝野晶子

解説

(1)朝鮮での農民の反乱をおさえるために，日本と清が出兵したことで戦争が始まりました。

(2)いはリャオトン(遼東)半島です。

(3)日清戦争で得た賠償金をもとに，八幡製鉄所がつくられました。

(4)東郷平八郎は日本海海戦でロシアの艦隊を破りました。

(5)与謝野晶子は日露戦争に出征した弟を思って，「君死にたまふことなかれ」という詩を書き，戦争に反対する姿勢を表明しました。

2 (1)Ⅰ：ウ　Ⅱ：イ　Ⅲ：ア　Ⅳ：エ
(2)ア　(3)あ：ウ　い：イ
(4)平塚らいてう
(5)A：25才　B：男子
(6)（例）差別をなくすこと。

解説

(1)足尾銅山鉱毒事件は日本の公害問題の原点とされています。

(2)八幡製鉄所は現在の北九州市につくられました。

(3)明治時代後期には，生糸の輸出割合，綿花の輸入割合が大きくなりました。日本では綿花を加工して綿糸をつくる紡績業や，生糸をつくる製糸業が発展しました。

(4)平塚らいてうは青鞜社を結成して，女性の権利の拡大を目指しました。

(5)1925年に，納税額にかかわらず，25才以上のすべての男子に選挙権があたえられました。

（大切）選挙権があたえられる条件を時代ごとに整理しておきましょう。

(6)全国水平社は明治時代以降も差別に苦しんでいる人たちを解放することを目的として設立されました。

27 戦争の広がり

要点まとめ　　　　　　　　　▶本冊 P.88

①南満州鉄道　②満州国　③国際連盟
④日中戦争　⑤第二次世界大戦　⑥石油
⑦真珠湾　⑧太平洋戦争　⑨配給制
⑩空襲　⑪疎開〔学童疎開，集団疎開〕
⑫大学生　⑬広島　⑭長崎　⑮地上戦

⑯ソビエト連邦　⑰昭和天皇　⑱ラジオ

問題を解いてみよう！　▶本冊 P.90

1 (1)満州事変　(2)イ　(3)国際連盟
(4)ペキン
(5)Ⅰ×　Ⅱ×　Ⅲ×　Ⅳ○

解説

(1)(2)満州事変により，日本軍は中国の東北
地方に「満州国」をつくりました。
(3)国際連盟は1920年につくられた国際組
織で，日本は常任理事国の1つでした。
国際連盟は「満州国」を承認しなかった
ため，1933年に日本は脱退を通告しまし
た。
(4)1937年に，ペキン郊外で起こった武力
しょうとつ(盧溝橋事件)をきっかけに，
戦いが中国全土に広がり，日中戦争が始
まりました。
(5)Ⅰ：1910年に日本は韓国を植民地化し
ました。Ⅱ：アメリカは日本との対立を
深めました。Ⅲ：中国はソ連〔ソビエト
連邦〕とは戦っていません。

2 (1)イ，ウ　(2)イ
(3)疎開〔学童疎開，集団疎開〕
(4)エ　(5)あ：広島(市)　い：長崎(市)
(6)あ：イ　い：エ

解説

(1)アメリカやイギリスなどの連合国側に結
束して対抗するため，日本はドイツ，イ
タリアと軍事同盟を結びました。
(2)日本が，石油やゴムなどの資源を求めて，
東南アジアに進出したことで，アメリカ
は日本への石油の輸出を禁止しました。
1941年，日本軍が，ハワイの真珠湾に
あるアメリカ軍の基地などを攻撃したこ
とで，太平洋戦争が始まりました。
(3)都市の小学生は，空襲の被害をさけるた

め，地方の農村などに疎開させられまし
た。また，中学生や女学生は兵器の工場
などで働かされ，文系の大学生は軍隊に
召集されました。
(4)沖縄県では激しい地上戦が行われ，民間
人にも大きな被害が出ました。
(5)(6)1945年8月6日に広島，8月9日に
長崎に原子爆弾が落とされました。

28 戦後の日本

要点まとめ　▶本冊 P.92

①青空教室　②20　③日本国憲法
④義務教育　⑤農地改革　⑥国際連合
⑦自衛隊　⑧日米安全保障条約　⑨東京
⑩新幹線　⑪三種の神器　⑫公害
⑬バブル経済　⑭沖縄県
⑮中国〔中華人民共和国〕
⑯ロシア(連邦)　⑰韓国〔大韓民国〕

問題を解いてみよう！　▶本冊 P.94

1 (1)エ　(2)イ，エ
(3)(例)選挙権が20才以上の男女
にあたえられたから。
(4)A：朝鮮戦争　B：国際連合
(5)サンフランシスコ平和条約

解説

(1)エ：中学生や女学生が兵器工場などに動
員されたのは，第二次世界大戦中のこと
です。
(2)アとウは明治時代のようすについて述べ
ています。
(3)戦後改革の1つとして，20才以上の男女
に選挙権があたえられました。
(4)朝鮮戦争が始まると，日本で警察予備隊
がつくられ，のちに自衛隊となりました。
また，第二次世界大戦後に，国際連合が

つくられました。

(5)サンフランシスコ平和条約に調印し，翌
年に条約が発効すると，日本は独立国と
して主権を回復しました。この条約と同
時に日米安全保障条約が結ばれ，日本国
内にアメリカ軍がとどまることになりま
した。

2 (1)A，B，C (2)イ
(3)高度経済成長
(4)Ⅰ：ウ Ⅱ：イ Ⅲ：ア

解説

(1)戦後に広まった白黒テレビ，電気洗濯機，
電気冷蔵庫は，天皇が受けついできた３
つの宝（鏡・剣・玉）にちなんで，「三種
の神器」と呼ばれました。

(2)**ア**：1975年で最も保有率が低いのはエ
アコンです。**ウ**：1965年の時点で電気
洗濯機の保有率は約70％です。**エ**：
1970年の時点でエアコンの保有率は10
％未満で，電気冷蔵庫の保有率は約90％
となっています。

(3)高度経済成長によって国民のくらしが豊
かになる一方で，公害などの問題も発生
しました。

(4)Ⅰ：韓国との間には，1965年に日韓基本
条約が結ばれました。Ⅱ：中国とは
1972年の日中共同声明で国交を回復し
ました。Ⅲ：日本はロシアとの間に北方
領土問題をかかえています。

㉙ 日本国憲法の特色

要点まとめ ──────────── ▶本冊 P.96

①11（月）3（日）　②5（月）3（日）

③文化　④法律　⑤国民投票　⑥国民

⑦権利　⑧9　⑨戦争　⑩戦力

⑪自衛隊（じえいたい）　⑫天皇（てんのう）　⑬内閣（ないかく）　⑭任命

⑮核兵器（かくへいき）　⑯つくらない

問題を解いてみよう！ ───── ▶本冊 P.98

1 ⑴A：1946年　B：11月3日
　　　C：1947年　D：5月3日
　⑵公布された日：文化の日
　　施行（しこう）された日：憲法記念日

解説

⑴⑵日本国憲法は1946年11月3日に国民に広く知らせ（公布），1947年5月3日に実際に効力をもち始めました（施行（しこう））。11月3日は文化の日，5月3日は憲法記念日として，国民の祝日になっています。

2 ⑴Ⅰ：○　Ⅱ：×　Ⅲ：○　⑵ウ
　⑶国事行為（こくじこうい）　⑷ア，ウ
　⑸基本的人権の尊重（じんけんそんちょう）　⑹平和主義
　⑺戦力　⑻自衛隊　⑼非核三原則（ひかく）

解説

⑴日本国憲法では，国の政治を進める主権（しゅけん）は国民にあることを宣言しています。国民は自分たちの代表者を選挙で選ぶことによって，国の政治に参加し，国の政治を動かしています。

㊟大切 国民主権の考えのもとで，日本国民には政治に参加する権利が保障されていることをおさえておきましょう。

⑵日本国憲法では，天皇は日本の国や国民のまとまりの象徴（しょうちょう）であり，国の政治に関

する権限はもたないとされています。

⑶天皇は内閣の助言と承認に基づいて，憲法で定められた仕事〔国事行為〕を行います。国事行為には，憲法改正の公布や，内閣総理大臣の任命などがあります。

⑷**ア**：天皇は国会で制定された法律を公布する仕事をします。**ウ**：天皇は国会で指名された内閣総理大臣を任命します。

まちがえたら▶本冊 P.97

⑸一人一人がもっているおかすことのできない永久の権利を基本的人権といいます。日本国憲法では個人を尊重することが定められており，原則の一つとして，基本的人権の尊重がかかげられています。

⑹⑺日本国憲法第9条には「戦争や武力を用いることは，国々の間の争いを解決する手段としては，永久にこれを放棄（ほうき）する」と書かれており，平和主義の考えを具体的に示しています。また，外国との争いを武力で解決しないこと，そのための戦力をもたないことが，定められています。

㊟大切 第9条に書かれている内容から，平和主義の考え方を確認しましょう。

⑻日本は国民の平和と安全を守る組織である自衛隊をもっています。自衛隊は海外での国際協力や，災害時の救助活動なども行います。

⑼かつて広島（ひろしま）と長崎（ながさき）に原子爆弾（げんしばくだん）が落とされ，大きな被害（ひがい）が出たことから，日本は，核兵器を「もたない，つくらない，もちこませない」という非核三原則を宣言しています。まちがえたら▶本冊 P.97

㉚ 国民の権利と義務

要点まとめ ──────────── ▶本冊 P.100

①自由　②日本国憲法（けんぽう）（憲法）　③平等

④団結　⑤政治　⑥教育〔普通（ふつう）教育〕

⑦働く〔勤労の〕　⑧税金　⑨性別

⑩ユニバーサルデザイン

⑪バリアフリー

問題を解いてみよう！　　　▶本冊 P.102

1 (1)平等権　(2)**ウ**

(3)**C**：健康　**D**：生活　(4)**ア**

(5)参政権
<ruby>参政権<rt>さんせいけん</rt></ruby>

解説

(1)日本国憲法では法の下の平等を定めてい
<ruby>下<rt>もと</rt></ruby>
ます。

(2)**ア**：消費税を納めることは納税の義務に
ふくまれます。**イ**：裁判を受ける権利は，
<ruby>裁判<rt>さいばん</rt></ruby>
自由権にはふくまれません。**エ**：教育を
受ける権利は，自由権にはふくまれませ
ん。

(3)日本国憲法では，すべての国民に，健康
で文化的な最低限度の生活を営む権利を
保障しています。

(4)働く人は団結して使用者と労働条件など
を話し合う権利があります。

(5)政治に参加する権利を参政権といいます。

2 (1)**ア**　(2)教育

(3)**資料２：ア**

あてはまらないもの：イ

解説

(1)国民の義務はよりよい社会を築いていく
ためにも果たしていく必要があります。

(2)日本国憲法第26条には，教育を受ける
権利を保障すると同時に，子どもに教育
を受けさせる義務があることが書かれて
います。

(3)税金を納める義務とは，住民税などの税
金を納める義務です。国民は政治に参加
する権利を保障されていますが，政治に
参加することは，義務ではありません。

㉛ 国会と内閣

要点まとめ　　　　　　　▶本冊 P.104

①国会議員　②衆議院
<ruby>衆議院<rt>しゅうぎいん</rt></ruby>

③参議院(②と③順不同)　④法律
<ruby>参議院<rt>さんぎいん</rt></ruby>

⑤内閣総理大臣〔首相〕　⑥18　⑦25

⑧予算　⑨国会　⑩税金　⑪国務大臣

問題を解いてみよう！　　　▶本冊 P.106

1 (1)**ア**　(2)国会議員

(3)**A**：指名　**B**：憲法　(4)参議院
<ruby>憲法<rt>けんぽう</rt></ruby>

(5)**イ**

解説

(1)**イ**：天皇の国事行為に対しては，内閣が
<ruby>天皇<rt>てんのう</rt></ruby> <ruby>国事行為<rt>こくじこうい</rt></ruby>
助言と承認を行います。**ウ**：実際に政治
を行う機関は内閣です。

(2)国会議員は国民による選挙で選ばれ，国
会で，国民が納めた税金の使い方などを
議論し，決定します。

(3)内閣総理大臣を任命するのは天皇の仕事
です。また，国会は，内閣が外国と結ん
だ条約を承認します。

まちがえたら▶本冊 P.104

(4)(5)国会の話し合いの場は，参議院と衆議
院の二つの議院で構成されています。衆
議院には解散があり，任期が４年である
ことから，選挙を通じて国民の意見を反
映しやすいと考えられるため，参議院よ
りも強い権限が認められています。

(大切) 衆議院と参議院のちがいを，表にまと
めて整理しましょう。

2 (1)18(オ)　(2)**イ**　(3)**ウ**

解説

(1)選挙で投票する権利を選挙権といい，18
才以上の国民に認められています。

(2)衆議院議員には25才以上の国民が，参
議院議員には30才以上の国民が立候補

することができます。

(3)**ア**：内閣総理大臣は国会で指名されます。

　　イ：都道府県の長も選挙で選ばれます。

　　エ：衆議院の解散は内閣が決めます。

3 (1)Ⅰ○　Ⅱ×　Ⅲ○
　　(2)国務大臣　(3)文部科学省

解説

(1)Ⅱ：内閣総理大臣を指名するのは国会の
　　仕事です。まちがえたら▶本冊 P.104

(2)内閣総理大臣が国務大臣を任命して，専
　　門的な仕事を担当させます。

(3)内閣にはさまざまな省庁があり，それぞ
　　れが専門的な仕事を行います。

㉜ 裁判所と三権分立

要点まとめ ──────── ▶本冊 P.108

①最高裁判所　②法律　③３　④三審制

⑤裁判員制度　⑥18　⑦裁判官

⑧三権分立　⑨立法権　⑩行政権

⑪司法権　⑫選挙　⑬世論　⑭国民審査

問題を解いてみよう！ 　　　　▶本冊 P.110

1 (1)Ⅰ○　Ⅱ○　Ⅲ×　(2)最高裁判所
　　(3)３（回）　(4)裁判員制度　(5)**ア**

解説

(1)Ⅲ：憲法改正の発議や法律の制定を行う
　　のは国会です。

(2)(3)簡易裁判所，地方裁判所，家庭裁判所，
　　高等裁判所は下級裁判所です。第一審で
　　の判決に納得できない場合，さらに上級
　　の裁判所で裁判を受けることができます。

(4)国民が裁判に参加する制度として裁判員
　　制度が2009年から始まりました。

(5)裁判員制度は，国民の視点を裁判に取り
　　入れることや，国民の裁判に対する関心

を高めることを目的に導入されました。

2 (1)憲法〔日本国憲法〕　(2)**ウ**　(3)**ア**

解説

(1)裁判所は，国民の人権を守るため，国会
　　が定めた法律が憲法に違反していないか
　　を調べます。

(2)(3)国民は，国会議員を選挙で選びます。
　　また，内閣は国民の多くが共有している
　　世論を参考にして政治を行います。国民
　　審査では，投票によって，ふさわしくな
　　いと思う最高裁判所の裁判官をやめさせ
　　ることができます。
　　まちがえたら▶本冊 P.109

(大切) 三権分立の図について，それぞれの機
　　　関と国民の役割を理解しておきましょ
　　　う。

㉝ 地方自治

要点まとめ ──────── ▶本冊 P.112

①地方自治　②市役所　③予算　④税金

⑤補助金　⑥市議会　⑦自衛隊

⑧赤十字　⑨ボランティア

⑩ライフライン　⑪復興　⑫法律

問題を解いてみよう！ 　　　　▶本冊 P.114

1 (1)市役所
　　(2)**X**：市民の選挙　**Y**：条例
　　(3)**ア**　(4)Ⅰ○　Ⅱ×　Ⅲ○

解説

(1)公共施設をつくるとき，市役所は計画案
　　と予算案を作成します。

(2)市議会は市民による選挙で選ばれた議員
　　〔市議会議員〕で構成されています。市議
　　会議員は市民からの要望を聞き，独自の
　　きまりである条例を定めるなど，より良

いまちづくりに取り組みます。

(3)国は市などの自治体から申請があれば，事業などを審査した上で補助金を出すことがあります。

(4)Ⅰ：図2より税金は45.7%をしめており最も割合が大きいので正しい。Ⅱ：図2より，市の収入の31.3%は国や県からの補助金であることがわかります。Ⅲ：合計額の2078億円×0.083＝172.4…（億円）となるため正しい。

2 (1)自衛隊　(2)Ⅰ×　Ⅱ○　Ⅲ×
(3)ボランティア
(4)**A**：国　**B**：都道府県

解説

(1)自衛隊は都道府県からの派遣要請を受けたあと，国からの出動命令を受けて活動します。

(2)Ⅰ，Ⅲ：市町村ではなく，都道府県が行います。

(3)ボランティアは自発的に救援活動や復興活動に取り組む人たちのことです。

(4)**資料**から，被災した市町村だけでなく，都道府県や国が，さまざまな機関と連絡を取り合って，災害に対応していることがわかります。

㉞ 世界の国々1

要点まとめ　　　　　　　　　　▶本冊 P.116

①ワシントンD.C.　②英語　③民族
④ハロウィン　⑤農業　⑥自動車
⑦中華人民共和国　⑧ペキン〔北京〕
⑨漢　⑩漢字　⑪春節

㉟ 世界の国々2

要点まとめ　　　　　　　　　　▶本冊 P.118

①大韓民国　②ソウル　③米　④キムチ
⑤儒教　⑥リヤド　⑦イスラム
⑧石油〔原油〕　⑨南アメリカ
⑩ポルトガル　⑪アマゾン
⑫コーヒー豆　⑬鉄鉱石

㊱ 国際社会

要点まとめ　　　　　　　　　　▶本冊 P.120

①平和　②193　③総会
④安全保障理事会〔安保理〕
⑤平和維持活動
⑥ユニセフ〔UNICEF〕
⑦ユネスコ〔UNESCO〕　⑧NGO
⑨地球温暖化　⑩SDGs　⑪ODA
⑫青年海外協力隊

完成テスト

地理編 ────────── ▶本冊 P.122

1 国土の様子

おもな問題内容 日本の地形，気候，地図記号

(1)択捉島 (2)ユーラシア大陸 (3)イ

(4)A：エ D：ア

解説

(1)日本の北のはしにある択捉島は北海道，東のはしにある南鳥島と南のはしにある沖ノ鳥島は東京都，西のはしにある与那国島は沖縄県に属しています。

大切 日本のはしの島は中学でもよく問われる内容なので，しっかりおさえておきましょう。

(2)日本はユーラシア大陸の東に位置しています。

大切 6つの大陸（ユーラシア大陸，北アメリカ大陸，南アメリカ大陸，アフリカ大陸，オーストラリア大陸，南極大陸）の名前と位置を地図で確認しておきましょう。

まちがえたら▶本冊P.16

(3)アは神社，ウは小・中学校，エは博物館の地図記号です。まちがえたら▶本冊P.9

(4)Aは那覇で，グラフは1年を通して温暖で雨の多いエ，Dは札幌で，グラフは1年を通して降水量が少なく，冬の気温が低いアです。イはBの静岡，ウはCの新潟のグラフです。

大切 太平洋側，日本海側，中央高地，北海道，南西諸島，瀬戸内の気候の特色を，確認しておきましょう。

2 産業・貿易の様子

おもな問題内容 農業，工業，環境問題，貿易

(1)B：エ C：ア

(2)ウ (3)中京工業地帯

(4)（例）地球温暖化が起こる。

解説

(1)りんごはすずしい地域で生産がさかんなのでAはイの青森県，みかんはあたたかい地域で生産がさかんなのでBはエの和歌山県，米は北陸・東北地方や北海道で生産がさかんなのでCはアの新潟，ぶたなどの畜産業は九州や北海道でさかんなのでDはウの鹿児島県です。

(2)ア：輸出額は68.4兆円，輸入額は68兆円で，輸出額の方が大きいため誤りです。イ：自動車と自動車部品の合計は18.3%で，機械類の輸出割合38.1%よりも小さいため誤りです。ウ：液化ガスの輸入額は68.0兆円×0.053＝約3.6兆円，鉄鋼の輸出額は68.4兆円×0.038＝約2.6兆円となります。エ：医薬品や衣類は輸出ではなく，輸入割合が大きい上位5品目に入っているため誤りです。

大切 グラフや表などの資料を読み取る練習をしておきましょう。貿易のグラフを読み取るときは，輸出総額，輸入総額に注目し，品目ごとの割合から，それぞれの品目の輸出額と輸入額を計算できるようにしておきましょう。

(3)中京工業地帯は愛知県や三重県などに広がっており，日本で最も工業生産額が大きい工業地帯です。中京工業地帯では，自動車の生産がさかんです。

大切 日本のおもな工業地帯，工業地域についての知識は中学でも重要なので，各工業地帯，工業地域の位置や生産割合の特色を復習しておきましょう。

まちがえたら▶本冊P.35

(4)石油や石炭などの化石燃料を燃やしたときに発生する二酸化炭素は，温室効果ガスの1つです。これらの排出量が増えると，地球の表面温度が上昇する原因となります。まちがえたら▶本冊P.49

1 古代から中世まで

おもな問題内容 原始〜安土桃山時代までの
歴史

(1)**エ** (2)仏教
(3)聖徳太子〔厩戸皇子〕
(4)府県：**エ**
　並べかえ：**D→B→C→A**

解説

(1)**資料１**ははにわです。はにわは古墳時代
につくられ，武人や動物，船など様々な
形のものがあります。
(2)(3)**資料２**は聖徳太子が定めた十七条の憲
法で，仏教の教えを重視し，天皇を尊重
するなど役人の心構えが書かれています。
まちがえたら▶本冊P.52
(4)**A**：安土城は安土桃山時代に，現在の滋
賀県に織田信長によってつくられた城で
す。**B**：平安時代後期に平清盛は現在の
兵庫県に位置する港を整備し，日宋貿易
を行いました。**C**：室町時代に足利義満
が金閣を建てたのは，現在の京都府です。
D：平城京は奈良時代に，現在の奈良県
に置かれました。
(**大切**) それぞれの時代に登場した人物を時代
順に整理しておきましょう。

2 近世から現代まで

おもな問題内容 江戸時代〜現代までの歴史

(1)**ウ** (2)廃藩置県 (3)**ア** (4)**エ**
(5)（例）（これまで25才以上の男子
のみに認められていた）選挙権が，
20才以上の全ての男女に認められ
た。

解説

(1)**P**の期間は江戸時代を示していますが，
ウの豊臣秀吉が刀狩令を出したのは，
1588年（安土桃山時代）です。
(2)天皇を中心とする国家をつくるために，
藩にかわって府と県を置きました。
まちがえたら▶本冊P.77
(3)自由党を設立したのは板垣退助であり，
国会の開設などを求める自由民権運動の
中心でした。**イ**は西郷隆盛，**ウ**は東郷平
八郎，**エ**は陸奥宗光が行った内容です。
(**大切**) 明治時代にはたくさんの人物が活やく
しました。それぞれ何を行った人物か
に注目して，復習しましょう。
(4)日清戦争で勝利した日本は台湾を植民地
にしました。
(**大切**) 日清戦争と日露戦争の講和条約の内容
について，支配した場所や賠償金の有
無に注目して復習しましょう。
まちがえたら▶本冊P.84
(5)戦後改革によって，20才以上の男女に平
等に選挙権が保障されました。また，女
性の国会議員も登場しました。

1 政治

おもな問題内容 日本国憲法，
日本の政治のしくみ

(1)天皇　(2)ウ，エ
(3)司法権（しほうけん）　(4)B
(5)（例）１つの機関に政治の権力が
　　集中しないようにするため。

解説

(1)日本国憲法では，天皇は日本の国や国民
のまとまりの象徴（しょうちょう）と定められており，政
治についての権限をもたないとされてい
ます。まちがえたら▶本冊 P.97

(2)ア：税金を納めること，イ：子どもに教
育を受けさせることと，働くことは，日
本国憲法に定められた国民の３つの義務
です。
まちがえたら▶本冊 P.100

(3)司法権をもっているのが裁判所（さいばんしょ），行政権（ぎょうせい）
をもっているのが内閣（ないかく），立法権（りっぽう）をもって
いるのが国会（こっかい）です。
まちがえたら▶本冊 P.109

(4)内閣は国会に対して衆議院を解散させる
権利をもっています。参議院には解散は
ありません。

(5)三権分立とは，３つの機関が国の権力を
分担し，たがいに監視（かんし）し合う仕組みです。

大切 三権分立は中学校でも重点を置いて学
習します。国会，内閣，裁判所がたが
いにどのような権限をもっているのか
を整理しておきましょう。

2 国際

おもな問題内容 世界の国々，国際社会，
国際連合

(1)A：ア　B：イ　(2)国際連合
(3)イ
(4)（例）未来にわたって多くの人が
　　豊かな生活を送るため。

解説

(1)A：日本は石油を西アジアの国々から輸
入しています。中でも最も多く石油を輸
入している国はサウジアラビアです。
B：中国の人口のうち，約９割が漢（か
ん）民族です。人口は約14億人でインド
とともに世界でも人口が多い国です。
まちがえたら▶本冊 P.117, 118

(2)国際連合には現在193か国が加盟してい
ます（2023年7月）。国際連合には，す
べての国が参加する総会や，国際平和と
安全を保つための決定を行う，安全保障（あんぜんほしょう）
理事会などがあります。

(3)アは安全保障理事会，ウは世界貿易機関
〔WTO〕，エはユネスコ〔UNESCO〕
がおもに担（にな）っています。

大切 国際連合の主要な機関と役割について
整理しておきましょう。

まちがえたら▶本冊 P.120

(4)持続可能な開発目標（SDGs（エスディージーズ））とは
2015年に国連総会で採択（さいたく）された，未来
にわたって多くの人が豊かに生きていく
ための17の目標のことです。「飢餓（きが）をゼ
ロに」「すべての人に健康と福祉（ふくし）を」など
の目標があります。

大切 持続可能な開発目標（SDGs）はよ
り良い世界を目指すための国際的な目
標です。どのような目標があるか調べ
てみましょう。

のびしろチャート

完成テストの結果から，きみの得意分野とのびしろがわかるよ。
中学校に入ってからの勉強に役立てよう。

のびしろチャートの作り方・使い方

①大問ごとに正答できた問題数を点●で書きこもう。
②すべての大問に点●を書きこめたら，順番に線でつないでみよう。

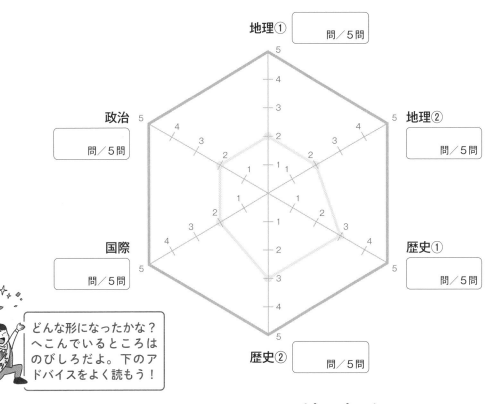

地理① 　問／5問

地理② 　問／5問

歴史① 　問／5問

歴史② 　問／5問

国際 　問／5問

政治 　問／5問

どんな形になったかな？
へこんでいるところは
のびしろだよ。下のア
ドバイスをよく読もう！

中学校に入る前にしっかりわかる！ ▶ アドバイス

分野	問題	アドバイス
地理① 国土のようす	P122 **1**	中学では世界の地形や気候について学ぶよ。日本のおもな山地や河川，各地の気候のようすを整理しよう。
地理② 産業のようす	P123 **2**	日本の工業地帯や各地の農業の特色を整理しておこう。グラフなどの資料に慣れておくことが大切だよ。
歴史① 古代から中世	P124 **1**	時代ごとにできごと，人物，政策，文化を確認しておこう。年表をつくると頭が整理できるよ。
歴史② 近世から現代	P125 **2**	日本と世界の関わりを重点的に復習しておこう。教科書の図や資料に目を通しておくと理解が深まるよ。
政治	P126 **1**	小学校で学んだ内容をしっかりと理解しておこう。日本国憲法や国会・内閣・裁判所の関係を復習しよう。
国際	P127 **2**	中学校では，国際連合の働きや，世界の課題への取り組みを学ぶよ。毎日のニュースにも注目しておこう。